Ich kann es ~~nicht~~ in mir aushalten!

Johan Vindfried

Ich kann es ~~nicht~~ in mir aushalten!

Bibliografische Information der Deutschen Nationalbibliothek
Die Deutsche Nationalbibliothek verzeichnet diese Publikation
in der Deutschen Nationalbibliografie; detaillierte bibliografische
Daten sind im Internet über http://dnb.d-nb.de abrufbar.

*Die automatisierte Analyse des Werkes, um daraus Informationen
insbesondere über Muster, Trends und Korrelationen gemäß §44b
UrhG (»Text und Data Mining«) zu gewinnen, ist untersagt.*

Satz, Umschlaggestaltung und Verlag: BoD · Books on Demand
GmbH, In de Tarpen 42, 22848 Norderstedt
Druck: Libri Plureos GmbH, Friedensallee 273, 22763 Hamburg

ISBN: 978-3-7597-8783-5

Inhalt

Vorwort

Ich heiße Johan, ich bin Alkoholiker und medikamentenabhängig. Dies ist das Schwerste, was je über meine Lippen gekommen ist.

Heute kann ich es in mir aushalten. Wenn Du mit Sucht zu tun hast, weißt Du, dass dies alles ist, um das es geht. Du kannst es in Dir und mit anderen aushalten oder Du kannst es nicht. Solange Du es nicht in Dir aushältst, fühlst Du einen ständigen Schmerz, einen Druck und bist geneigt, ihn wegzumachen. Alkohol ist ein kurzfristiges, aber gefährliches Mittel dazu. Heilen tut der Stoff nicht. Er vernichtet; denn bei Sucht geht es um Leben oder Tod.

Ich erzähle Dir im Folgenden meine Geschichte und meine Erkenntnisse. Ich hatte die Gnade, mit 37 Lebensjahren aufhören zu dürfen zu trinken – dies ist heute über 50 Jahre her. Zuvor habe ich über zwanzig Jahre getrunken. Ich habe also manche Erfahrung gesammelt. Die Lebensumstände ändern sich, die Hintergrundgeschichten ähneln sich, aber der Stoff bleibt gleich. Und seine Wirkung auch. Erst kommt die psychische Abhängigkeit, dann die körperliche. Erst kommt das Hoch, dann der Kontrollverlust. Dann kommen Ausraster und schließlich die alkoholische Verblödung Korsakow, Ruin, Selbstmord, Tod. Es erfordert eine lebenslange Auseinandersetzung mit sich selbst, um Frieden zu bekommen und den Seelenhunger mit etwas zu befriedigen, das Freude macht, statt Kicks zu geben.

Ich bin trocken – nicht, weil ich nicht trinken darf, sondern weil ich nicht trinken will. Und weil ich, um zu leben und Freude zu haben, nicht mehr trinken muss. Ich träume heute noch nicht von Coca Cola und habe unter Alkohol Höhenflüge erlebt, die ein Normallebender nie erfährt. Aber auch Tiefpunkte, die denen erspart bleiben, die sich nicht in ihrer Suche verlieren. Manchmal möchte ich auch heute noch abtauchen, weil ich meine, den Druck nicht auszuhalten. Doch ich halte durch, ohne mich zu betäuben, und dann keimt wieder Hoffnung auf. Ich habe noch nie so bewusst gelebt wie heute und habe trocken ein unglaublich spannendes Leben. Was mir an Wunderschönem passiert ist, ist nur wenigen Menschen vergönnt. Dies zeigt mir, dass ich auf dem richtigen Weg unterwegs bin.

Bei Sucht gibt es nur drei Möglichkeiten: verrückt zu werden, elendig einzugehen oder umzukehren. Ich habe in meinem Umfeld alles miterlebt. In meinem eigenen Leben waren das Kapitulieren und Neuwerden der Umschwung und meine Rettung. Aber immer noch gehe ich Jahrzehnte später zur AA-Gruppe und habe diese noch keine fünf Mal verpasst, außer wenn ich krank, im Urlaub oder draußen Glatteis war. Ich habe dort erlebt, wie in einem halben Jahrhundert mehr als fünfhundert Menschen clean geworden sind. Und dies bedeutet, dass auch Du den Punkt erreichen kannst, an dem Du nicht mehr trinken willst, und dass auch Du leben und Freude haben kannst ohne Alkohol. Für Dich schreibe ich dieses Buch.

I Mein Weg mit Alkohol

»Alkoholiker kommen mit dem Leben nicht zurecht«, sagen die Leute, nicht nur in meiner Heimatstadt. Und jeder, wie auch ich, denkt: »Alkoholiker will ich ums Verrecken nicht sein.«

Dabei ist der Stoff nie mein Problem gewesen, auch wenn Alkohol viele Probleme in meinem Leben mitverursacht hat. Ich bin mein Problem. Mein Selbstwertgefühl sagte mir: »Ich bin nichts.«

Bei uns in der Familie galt nur: »Hast Du was, bist Du was. Tue Recht und scheue niemanden.« Die eine Hälfte hat dies geschafft, die andere Hälfte ist über Alkohol suchtkrank geworden. Der Grundstein wurde schon vor Generationen gelegt. Meine Großeltern haben wohl selbst nie Liebe von ihren Eltern bekommen und sich dann auch anderen gegenüber kühl und distanziert verhalten. Mein Großvater zeugte unverheiratet ein uneheliches Kind – dies war zu der damaligen Zeit gesellschaftlich unmöglich. Er war selbständiger Bäckermeister und meine Oma mittellos und aus einer Familie, die man nicht vorzeigen konnte. Sie war damit nicht standesgemäß und meine Urgroß-

mutter gab ihrem Sohn zu verstehen, dass er ent-
erbt würde, falls er seine Geliebte heiratete. So ist
mein Onkel, das erste Kind der beiden, unehelich
geboren worden; denn der Opa wartete, bis seine
Mutter verstorben war, und heiratete seine Frau,
meine Oma, erst danach. In der Familie zählten
nur Arbeit und Druck geben. Jammern gab es
nicht. Zum Geburtstag gab mein Großvater seinen
Kindern die Hand – dies war die einzige körperliche Berührung, die sie über das Jahr erfuhren.
Nicht verwunderlich, dass wir alle verkorkst sind,
was körperliche Nähe betrifft.

Mein Opa brachte seinen Kindern Pflichtbewusst-
sein bei und schickte auch die Mädchen zur höhe-
ren Schule. Dies war damals außergewöhnlich, da
Mädchen wenig zählten. Um diese Ausbildungen
zu finanzieren, hat mein Opa zweitausend Brote
pro Woche geknetet. Er war also auch zu sich
selbst so hart, wie er es gegenüber seinen Kindern
war. Meine Oma stand drei Tage nach jeder Ent-
bindung schon wieder im Laden. Alle hatten zu
funktionieren und der Opa gab jedem Zunder, der
nicht parierte – ein ganz hartes Regiment. Religion
gab es nicht, aber jeder hatte korrekt zu sein. Die
Hälfte der Kinder kam angesichts dieses Drucks
und Pflichtbewusstseins mit dem Leben zurecht,
die anderen sind abgehauen und kamen auf Alkohol. Trotzdem haben auch diese viel erreicht; zumindest nach außen schien ihr Leben in Ordnung.

Von den sieben Kindern war nur eine zufrieden: meine Tante, die keine höhere Schule besucht, sich ihrem Vater also schon früh widersetzt hatte. Alle anderen haben einen hohen Preis für ihren Erfolg bezahlt. Sie haben ihr ganzes Leben gesucht – wie ich. Mein unehelich geborener Onkel hatte Abitur, absolvierte eine Pilotenausbildung, flog Zeppelin und heiratete die Tochter eines millionenschweren Königskrämers in Südafrika. Er dachte immer, er sei der Größte, später erblindete er und lebte in einem Heim. Blindheit herrscht in unserer Familie durchaus auch sich selbst gegenüber: Wenn wir heute Familientreffen haben, täuscht das scheinbare Idyll aus Porsche, Mercedes und weltweit verstreuten Immobilien über die tiefsitzenden Probleme in der Familie hinweg. Auch das Helfersyndrom grassiert bei uns. Eine meiner Cousinen in den USA betreute traumatisierte Männer aus dem Vietnamkrieg. Ihre Haushälterin musste ihr täglich eine Flasche Whisky kaufen, anders konnte meine Cousine ihre Aufgabe nicht erfüllen. Sie gehörte zu den Trinkern, die stets ihren Pegel halten und dadurch gar nicht auffallen. Dennoch wäre sie in einer Nervenklinik gut aufgehoben gewesen. Meine Tanten hingegen arbeiteten jeden Tag von morgens um sechs bis Mitternacht und ließen sich von ihrer Disziplin vorantreiben statt vom Alkohol tragen. Die Tochter meiner Cousine wiederum ist dem Alkohol wie der Kaufsucht verfallen, hat sich dadurch hoch verschuldet und gilt medizinisch als schizophren.

Bei meinen Eltern und uns Kindern war es nicht besser. Mein Vater verbrachte zehn Jahre in russischer Kriegsgefangenschaft und meine Mutter, die Tochter des strengen Großvaters, arbeitete währenddessen tags und nachts in ihrem Geschäft, um für unser Überleben zu kämpfen. Ich bin vom vierten bis zum vierzehnten Lebensjahr also beinahe elternlos aufgewachsen. Meine Mutter kenne ich nur als Workaholic, die, wie auch ihre Verwandten, ihre inneren und äußeren Defizite, vor allem ihre Unruhe, ertränkte in Machen, Machen und immer Machen – für andere. Sie hatte sich mit fünfundzwanzig Jahren ein Haus gekauft und sich darin mit einem Stoffgeschäft selbständig gemacht, kam anfangs vor Hunger nicht in den Schlaf, aber sie biss sich durch. Alkohol spielte in ihrem Leben keine Rolle. Mein Vater blieb Prinzgemahl, nachdem er aus Russland zurückgekehrt war: Während meine Mutter die Befehle gab, blieb er ihre Hilfskraft. Als gelernter Tischler fertigte er die Gardinenkästen für das Stoffgeschäft meiner Mutter, doch abends feierte und sang er lieber. Als meine Mutter mit fünfundfünfzig Jahren krank wurde, machte mein Vater sich erfolgreich selbständig und lebte als ein zufriedener Mann. Im Ort galt er als der »Schaufensterhobler«, weil er die Gardinenkästen für das Stoffgeschäft meiner Mutter und andere Werkstücke für Passanten sichtbar hinter dem Schaufenster fertigte. Er mochte Menschen, war handwerklich begabt und beschäftigte drei Angestellte.

In diese Familie wurde ich hineingeboren mit Klumpfüßen. Ich konnte als Kind nur auf den Außenkanten der Füße laufen, und wenn die Kniescheiben hinaussprangen, was häufig vorkam, musste erst jemand sie reintreten, bevor ich weitergehen konnte. Ich sah dann aus wie ein Epileptiker, wenn ich mich auf dem Boden krümmte. Oft platzte die dünne Fußhaut auf und blutete, weil das Laufen auf den empfindlichen Kanten viel mehr scheuerte, als es normalerweise auf der Fußsohle der Fall ist. Draußen erlebte ich, wie grausam das Leben schon unter Kindern sein kann, wenn die anderen mir unverblümt zuriefen: »Du kannst nicht laufen, dann wollen wir Dich beim Spielen nicht dabeihaben.« Ich konnte keinen Sport machen und konnte nicht singen. Einmal wurde ich in einen überfüllten Zug gesteckt, um in das Krankenhaus in Münster fahren. Dort wurden meine Klumpfüße zu stark eingegipst, weil man so versuchen wollte, die Füße mit Gewalt zu begradigen. Nachdem ich zuhause drei Tage geschrien hatte, wurde der Gips schließlich aufgeschnitten und meine beinahe abgestorbenen Beine durchbluteten wieder. Ich war damals zehn Jahre alt und Schmerzmittel gab es noch nicht. Nie wieder wollte ich nach Münster, schon gar nicht in den überfüllten Hamsterzügen nach Kriegsende.

Schon als Kind war ich also Außenseiter und erlebte, dass ich die Erwartungen der anderen nicht erfüllen konnte. Wenn man mir jedoch ein Buch gab, war ich still und zufrieden. Dann war ich Winnetou und lebte in einer anderen Welt. Doch gegenüber anderen hatte ich immer diese Angst, nicht gut genug zu sein. Musste ich in der Schule ein Gedicht aufsagen, dann wusste ich keine Zeile mehr, obwohl ich es gelernt hatte und noch heute auswendig weiß; denn sobald mich ein nettes Mädchen ansah, das ich beeindrucken wollte, vergaß ich alles und dachte nur noch: »Die soll nicht denken, dass ich doof bin.«

Umso mehr war ich bedacht, wenigstens beim übrigen Schulstoff gut abzuschneiden. Durch das viele Lesen hatte ich nie Sorge sitzenzubleiben. Mein Lehrer bestätigte, ich sei gut, und empfahl mich zur Adolf-Hitler-Schule. Meine Mutter war dagegen, mit Hitler hatte sie nichts am Hut, doch ich meinte, wenn ich auf eine Eliteschule käme, wäre ich angenommen und angekommen. Doch auch dort wurde ich abgelehnt wegen meiner gesundheitlichen Schwierigkeiten, die nicht in das Bild von einem Hitlerjungen passten. Ein anderer Volksschullehrer meinte später, ich solle Abitur machen, aber dies kostete Schulgeld und war nach Kriegsende beinahe unmöglich. Trotzdem wollte

15

meine Mutter das Geld aufbringen, und ich habe dafür die Anfahrt mit dem Bus aus unserer Kleinstadt zum Gymnasium in Osnabrück bewältigt. Zuvor musste ich noch Latein nachlernen.

Morgens kam ich immer etwas zu spät in die Gymnasialklasse, weil ich viel langsamer lief als die anderen. Der Lehrer fragte: »Warum kommst Du immer zu spät?« Ich antwortete: »Ich komme mit dem Bus aus dem Landkreis.« Es sagte: »Andere kommen auch mit dem Bus und sind pünktlich. Du hast hier pünktlich zu sein.« Damals herrschte ganz strenge Disziplin und Lehrer waren Autoritäten. Dann sagte dieser Lehrer zu mir: »Du schaffst das sowieso nicht.« Diese Worte waren ein so vernichtendes Urteil für mich, dass ich meinen Schulranzen packte und abhaute. Diese war die erste Flucht in meinem Leben. Ich habe sie nie verwunden. »Ich bin ein Feigling!«, dachte ich über mich und ständig plagten mich Minderwertigkeitsgefühle und dass die anderen entdecken würden, dass mit mir nichts los ist. Dabei habe ich heute mit damaligen Mitschülern, aus denen beruflich Beeindruckendes geworden ist, einen wunderbaren Kontakt. Sie schätzen inzwischen, dass sie mit mir ganz andere Gespräche führen können als mit anderen Menschen in ihrem Umfeld.

Wenig später stellte ich fest, dass bei mir sexuell etwas nicht stimmte. Ich hatte mit fünfzehn noch keinen Stimmbruch und piepste wie ein Wiener

Sängerknabe, so dass beim Singen in der Schule alle über mich lachten. Als ich zu dieser Zeit wegen meiner Klumpfüße im Krankenhaus war, versuchte eine der Krankenschwestern einige Male, mich zu kitzeln. »Was will die bloß von mir?«, wunderte ich mich. Dabei wollte sie nur testen, wie weit ich als Mann sei. Wenn ich ihr mit dem Mund nahekam, wurde sie ganz wild, und auch bei mir regten sich die Hoden, aber eben nicht ganz, und richtig kapiert habe ich es auch nicht. Erst als ich in den Flusswiesen einem anderen Jungen beim Onanieren zusah, fiel mir auf, dass ich so ein großes, rotes Ding an mir noch nicht gesehen hatte. Meine Mutter hatte selbst wohl nie einen nackten Mann gesehen und so war ihr mein Hodenhochstand gar nicht aufgefallen, der sofort hätte operiert werden müssen.

Damit war zwar endlich mein Leiden entdeckt, doch damit nahm auch der Leidensweg seinen Lauf. Ich wurde in Oldenburg operiert – viel zu spät, weil die Hoden bereits verkümmert waren und mit Gewalt mein Unterleib aufgeschnitten werden musste. Damals gab es noch keine künstliche Ernährung, und ich durfte nach dem Eingriff weder essen noch trinken, da ich kein Wasser lassen durfte. Vor Durst hätte ich im Krankenhaus beinahe die Blumenvase ausgetrunken, wenn sie sie mir nicht weggenommen hätten. Einmal wurde ich nachts wach, die Uhr schlug halb drei und ich fühlte mich wie abgeschnürt. Ich schluckte und schluckte, aber bekam keine Luft und dachte: »Ich ersticke und geh gleich tot.« Mit dieser Atemnot erlebte ich zum ersten Mal Todesangst und hatte fortan Schluckzwänge. Immer wieder musste ich mir beweisen, dass ich schlucken konnte, immer wieder zweifelte ich, ob es auch beim nächsten Mal klappen würde. Auf dem Rückweg vom Krankenhaus haben wir eine Katze totgefahren. Oldenburg, nachts um halb drei und Katzen lösten bei mir seitdem den Pawlowschen Reflex aus. Ich brachte diese Dinge in Zusammenhang mit der Operation, denn danach wäre ich beinahe erstickt, sie hat meine Impotenz besiegelt und damit hat das Unglück in meinem Leben begonnen. Also mussten Oldenburg, Katzen oder nachts um halb drei Unglück bedeuten.

Als ich entlassen wurde, sagte der Arzt zu meiner Mutter: »Ihr Sohn wird wohl impotent und zeugungsunfähig bleiben.« Ich dachte: »Nicht einmal das, was jeder Idiot kann, kann ich. Klumpfüße auch noch.« Ich sah im Leben keinen Weg für mich und fühlte mich innerlich zerrissen, sah aber allen Grund, Selbstmitleid zu haben. »Was ist das für ein Scheißleben?«, frage ich mich verzweifelt. Andererseits wollte ich keine Schwächen zeigen und lieber kämpfen. Ich bewunderte damals meine Verwandten, die aus meiner Sicht etwas geworden waren. Doch innerlich hatte ich immer Angst,

Angst vor allem, und am meisten hatte ich Angst vor dem Gefühl der Angst, das mich beherrschen würde. Noch kannte ich keinen Alkohol, der dies schlagartig wegmachen konnte, und fühlte mich meiner Angst tagtäglich ausgeliefert.

Mit meinem fünf Jahre jüngeren Bruder hatte ich kaum Kontakt. Er ging mit neunzehn Jahren fort zur Bundeswehr und zog danach weit weg. Als er noch zuhause wohnte, sagten wir uns lediglich »Guten Tag« und »Guten Weg«. Von ihm als Mensch wusste ich nichts und menschlich oder gar brüderlich kam er für mich nicht vor in dieser schwierigen Zeit.

Nach der Flucht aus dem Gymnasium habe ich in der Realschule nicht mehr gelernt. Vorher waren meine Zeugnisse traumhaft und jetzt gingen meine Noten in den Keller. Neben mir saß einer, der tat auch nichts, und ich tat nur noch, wozu ich Lust hatte, las Karl May und kam trotzdem irgendwie durch bis zur Mittleren Reife. Ich meinte: »Wenn ich mich treiben lasse, ist das Leben einfacher.« Ich wusste auch nicht, wozu ich hätte lernen sollen. Zu meiner Mutter, wenn sie mich ermahnte, sagte ich: »Du bist schuld, dass ich so kaputt bin. Lass mich in Ruhe!« Ich habe keine Straße gefegt und ihr bei nichts geholfen. Meinen Bruder hat das wild gemacht.

Gleichzeitig plagten mich meine zwanghaften Gedanken. Wenn ich irgendwo Oldenburg las oder eine Katze sah, dachte ich, das Schlimmste würde passieren. »Ich bin bekloppt!«, bangte ich in solchen Momenten, »wenn ich jemandem erzähle, was ich für abergläubische Gedanken habe, dann bringen sie mich in die Klapsmühle.« Angst vor der Angst war dann auch der Beginn meiner Alkoholkrankheit. So dachte ich zum Beispiel: »Wenn ich morgen mit nur einem Bein aus dem Bett steige, passiert Pech.« Ich versuchte es manchmal so oft, bis es mit beiden Beinen klappte. Sonst war ich sicher, dass es hieran liegen würde, wenn ich etwas nicht schaffte.

Schon damals konnte ich nicht schlafen, wenn irgendetwas kam, das ich nicht kontrollieren konnte. Wenn ich etwas kontrollieren konnte, hatte ich ein sicheres Gefühl und war gar nicht schlecht. Wenn wir aber eine Klassenarbeit schrieben, fragte meine Mutter: »Was läufst Du nachts in der Wohnung rum, Johan? Geh schlafen!« Ich antwortete: »Mama, ich kann nicht schlafen.« »Geh ins Bett, Du stehst doch gut in der Schule, es ist doch nicht schlimm, wenn Du mal eine Vier schreibst, Du bleibst doch nicht sitzen«, entgegnete sie. Sie hatte keine Ahnung, was in mir ablief. Immer, wenn ich gut sein wollte, kam meine innere Selbstzerstörung und flüsterte: »Das schaffst Du sowieso nicht.« Die Angst, die dadurch in mir entstand, war so groß, dass ich mich oftmals gar nicht konzentrieren konnte und Klassenarbeiten, die ich leicht hätte bewältigen können, in den Sand setzte.

Andererseits flog ich dreimal von der Schule wegen Befehlsverweigerung. Einmal lag nach dem Ende der Schulstunde Papier auf dem Boden, und da ich immer langsamer lief als die anderen, befahl der Lehrer mir als dem Letzten im Raum, es aufzuheben. »Ich habe hier nichts hingeworfen, das tue ich nicht«, weigerte ich mich. »Ich schreib Dich ins Klassenbuch!« »Meinetwegen.« »Und nun such das Papier auf.« »Nein, das tue ich nicht.« Mit den Worten: »Du kannst nachhause gehen«, verwies er mich dann von der Schule. Ich kam nachhause und sagte zu Mama: »Ich bin rausgeschmissen worden, hab kein Papier aufgesammelt.« Sie reagierte gelassen und irgendwie haben wir es wieder geradegebogen. Da ich ganz gut in der Schule war, war es nicht so schlimm. Ein anderes Mal sollte unsere Klasse eine Strafarbeit machen und wir weigerten uns geschlossen. Alle behaupteten, sie hätten die Strafarbeit nicht. Als es zur Abgabe kam, legten plötzlich alle die Arbeit aufs Pult – bis auf mich. Offenbar hatten Sie sich in der Sportstunde umentschieden, an der ich ja nicht teilnahm. Nur einer, der noch heute mein Freund ist, gab seine Arbeit nicht ab, um mich zu schützen. Der Lehrer wollte mir daraufhin die doppelte Arbeit aufbürden. Ich dachte: »Ich lasse mich hier nicht verbiegen und lasse mir nichts gefallen!« – diese Seite gibt es auch in mir – und schrieb auf einen Zettel: »Ich bin mir keiner Schuld bewusst, betrachten Sie dies als meine Strafarbeit.« Sssst, wurde ich der Schule verwiesen. Zu Mama sagte ich: »Ich bin schon wieder geflogen.« Dadurch hatte ich gelernt, wie wenig man sich auf seine Mitmenschen verlassen kann.

Dann kam ich zum Tanzkurs. Wegen meiner Klumpfüße galt ich als unerwünschter Tanzpartner und bekam oft einen Korb von den Mädchen, die ich aufforderte. In diesen Momenten, wenn mich ihre Blicke trafen, wenn sie ihre Köpfe und Augen abwandten, fühlte ich mich, als wäre ich zweite, ja dritte Wahl, was schrecklich wehtat. Ich dachte: »Keiner mag mich. Und nichts kann ich.« Gleichzeitig brannte in mir die große Sehnsucht, geliebt zu werden, angenommen zu sein und mich gut zu fühlen. Im Körperlichen dachte ich, gäbe es Erfüllung, traute mich aber nicht, mich Mädchen zu nähern. In dieser Verfassung lernte ich an der Theke die Blonden kennen, die keine Widerworte geben. Ich mochte das helle Bier gar nicht, aber ich wusste jetzt, wie ich mit dem Leben fertigwerden kann. Ich war vom ersten Glas Bier an Alkoholiker. Den Lebertran von meiner Mutter mochte ich auch nicht, aber sie meinte, er sei gut für die Knochen. Ich dachte: »Hellbier mag ich auch nicht, aber es gibt den Kick im Kopf.« Fünf Gläser Bier und ich konnte sogar tanzen, konnte zehn Katzen sehen, ohne dass es mir etwas ausmachte, und war frei von den Schluckbeschwerden, die mich seit jener OP heimsuchten, und vor allem von meinen Minderwertigkeitsgefühlen. Wenn ich ein so gutes Gefühl hatte, wollte ich es behalten; denn mich so frei zu fühlen, kannte ich bisher nicht. »Jetzt lohnt sich das Leben«, fand ich.

Ein Suchtkranker ist man, wenn man anfängt und das Aufhören nicht bestimmen kann.

Mit neunzehn hatte ich meine erste Alkohol-vergiftung. Ich suchte den Dauerorgasmus im Kopf, weil ich nicht ertragen konnte, wenn das gute Gefühl endete. Wenn einer meine Kegelbrüder sagte: »Ich trinke nur drei Gläser Bier, weil ich um sechs aufstehen muss.« – so etwas brauchte man mir nicht vorzuschlagen. Wenn ich dabei war und mich richtig wohl-fühlte, dachte ich: »Das kriege ich immer ge-regelt, ich komme immer hoch, ich bin doch ein toller Hecht!« Schließlich fühlte ich mich endlich einmal wohl und konnte endlich ein-mal ich sein. Auf diese Weise trat der Kontroll-verlust ein und ich tat Dinge, die andere, die nicht suchtkrank sind, nicht verstehen können: angenehme Dinge und unangenehme Dinge. Und so lag ich an Silvester vollkommen von der Rolle in einer Ecke im Saal und wurde erst am Neujahrsabend gefunden, was mir wie drei Tage vorkam. »Nie wieder!«, dachte ich in dem

Moment, aber meine Alkoholkarriere ging erst los.

Dann kamen meine ersten Berührungen mit Sexualität. Mein Onkel hatte ein Kindermädchen für seine Kinder eingestellt, das anscheinend ziemlich scharf war. Ich freute mich immer, wenn ich dort hingehen konnte. Als ich einmal zu Besuch war, nahm sie mich plötzlich in den Arm. Bei mir regte sich etwas, ich schloss die Tür hinter uns ab, aber es kam bei mir nie zu einer Erektion, sondern immer gleich zum Samenerguss. Jetzt wusste ich, was mit impotent gemeint gewesen war. Ich folgerte: »Ich bin eine totale Null«, und mochte niemandem davon erzählen. Während ich von mir selbst nichts mehr hielt, nahm das zwanghafte Denken immer mehr zu. Aberglauben bestimmte mich. »Bloß keine schwarze Katze sehen. Und bloß nicht Oldenburg lesen«, hoffte ich. Nur wenn ich Alkohol getrunken hatte, konnte ich normal denken.

Ich wollte weiterhin herausfinden, was es mit der Sexualität auf sich habe. Nun hatte ich zwar Angst vor Frauen und dass sie entdeckten, was mit mir los oder nicht los ist, aber mit Alkohol verlor ich diese Angst. In den fünfziger Jahren war die Moral viel strikter als heute, auch gab es keine Verhütung. Also bin ich mit einigen Männern in ein Freudenhaus gefahren. Natürlich hat nichts geklappt bei mir, so dass ich mein Geld zurückforderte. Die Bardamen sagten: »Das gibt's nicht.« Ich antwortete: »Das ist aber nicht in Ordnung. Vielleicht hat die Frau es nicht richtig gemacht mit mir?« Daraufhin wurde mir nach einigem Hin und Her ein Freifahrtschein mitgegeben. Darauf stand: »Da er nicht imstande war, es zu vollziehen, darf er umsonst noch einmal wiederkommen.« Die anderen Männer haben sich kaputtgelacht. »Eine Freinummer hat noch nie jemand bekommen«, behaupteten sie und erzählten überall in unserer Kleinstadt davon. Danach hatte ich immer Angst, sexuell zu versagen. In mir spürte ich eine unheimliche Sehnsucht, aber konnte mich Frauen nur nähern, wenn ich getrunken und die Angst verdrängt hatte, sie würden über mich lachen. Geklappt hat es mit der Erektion trotzdem nicht. Rückblickend habe ich der Sexualität einen völlig überhöhten Stellenwert eingeräumt. War das ein Suchen, bis ich es begriff!

Vom Alkohol war ich körperlich weniger abhängig, doch geistig und emotional entspannte er mich. Ich konnte dann auf Frauen zugehen – mit etwas Alkohol konnte ich nämlich ganz charmant sein. Kamen wir uns näher, genügte es mir, dass ich zum Erguss kam. So habe ich meine Befriedigung bekommen. Die Frauen dachten vielleicht, ich würde es aus sittlichen Gründen vor der Ehe nicht tun. Aber in meinem Zustand hätte ich sowieso nicht heiraten können, fand ich, denn es sollte ja niemand hinter meine Wahrheit kommen, und so habe ich mich den Frauen nie offenbart. Mein Alkoholkonsum nahm zu, ich machte wilde Sachen in Bars, um Wärme zu finden. Einmal hat mich die Polizei aus einer Kneipe geholt. Ich sollte achthundert D-Mark zahlen, war schon betrunken reingekommen. Jedes Mal, wenn mich die Barfrau fragte: »Können alle einen kriegen?«, habe ich geantwortet: »Ja.« Die Bar machte in dieser Nacht das Geschäft des Jahres. Und meine Einsamkeit war weg. Der Polizist, der mich verhaften sollte, wohnte drei Häuser von mir entfernt und versicherte, ich würde bestimmt bezahlen. Dafür wurde ich nicht verhaftet, sondern musste nur meine Uhr als Pfand dalassen. Die Zeche habe ich meine Mutter bezahlen lassen, weil sie in meinen Augen ja schuld war, dass ich nicht rechtzeitig operiert worden war. Als ich meine Uhr später abholte, forderte ich die Barfrau auf, mir auf den Schreck, der noch einmal gutgegangen war, einen einzuschenken. Dabei blieb es nicht und ich musste wieder die Uhr dalassen. Ich hielt mich selbst für geisteskrank, dass ich, kaum hatte ich das eine Problem gelöst, mir sogleich das nächste verschaffte.

Ich bekam eine Stelle im Verkauf eines Bekleidungsproduzenten, über die ich dachte, sie sei auch nicht das Wahre, aber mehr war ich wohl nicht wert. Ich war von zuhause so erzogen, dass man nicht wegläuft, sondern immer zur Arbeit geht. Als ich meine Mutter einmal fragte: »Mama, haben wir das Geld so nötig, dass Du bist einundzwanzig Uhr im Laden stehst?«, antwortete sie: »Du gehst abends in Kneipen und mir macht es Spaß, kreativ zu sein.« Aber sie machte auch klar: »Du kannst morgens nicht im Bett bleiben! Was macht das für einen Eindruck? Die Leute haben gesehen, dass Du gestern Abend unterwegs warst.« Ich konnte total besoffen sein – sie goss mir einen Eimer Wasser ins Bett und sagte: »Steh auf! Nicht dass noch die Angestellten sehen, dass mein Sohn morgens besoffen im Bett liegt.« Ich bekam immer Druck und bin auch hochgekommen und konnte sogar besser arbeiten, wenn ich noch Alkohol im Blut hatte, weil mich dann keine Angst quälte.

Tagsüber habe ich nie getrunken, aber meine Karriere verlief wie bei jedem Suchtkranken:

Der Alkohol ist erst Freund, dann Partner und zuletzt die (beinahe) tödliche Umklammerung.

Der Freund Alkohol löst scheinbar alle Probleme, aber er löst im Grunde alles auf: Freundschaften, Ehen, Bankkonten. Dann wird der Alkohol zum Partner, und der Alkoholiker hat Co-Abhängige, denen er Schuld gibt und die er für sich Verantwortung tragen oder Schulden bezahlen lässt und dadurch wird das Leiden verlängert. Und am Ende geht es ums Leben – ertränkt Dich der Alkohol oder überlebst Du ihn?

Solange Alkohol noch der Freund ist, hat man auch Spaß daran, und ich war kein trauriger Alkoholiker. Ich konnte Leute begeistern, hatte immer Dampf auf der Lok und alle freuten sich, wenn ich drauf war. Auch die Wirte und Barfrauen, die mir zuhörten und insgeheim dachten: »Er ist ja doch ein armer Kerl.« Und ich dachte: »Ich trinke zwar viel und mache manchmal Mist, aber andere tun das auch.« Meine Kegelbrüder erzählen heute noch von meinen Wundertaten, die ich mit besoffenem Kopf vollbracht habe, und fragen mich: »Bedauerst Du es nicht, trocken zu sein? Du kriegtest immer alles geregelt!«

Wir waren einmal zu DDR-Zeiten mit dem Kegelclub in Berlin. Ich wusste gar nichts vom Programm und hatte keinen Reisepass dabei. Als wir zum Checkpoint Charlie kamen und es hieß: »Pass!«, hatte ich schon ein paar drin. Ich gestand: »Ich habe keinen Pass.« »Dann können wir Sie nicht reinlassen.« Ich argumentierte: »Euer freier Bauernstaat ist für alle da und dann habt Ihr vor einem kleinen Mann wie mir solche Angst, dass Ihr mich nicht reinlassen wollt? Schämt Euch!« Auf diese Weise habe ich denen einen vorgelabert. Auf einmal sagten Sie: »Sie können rein.« Staunen! So kam ich nach Ostberlin. Man musste genau angeben, wie viel D-Mark man mithatte, denn die durfte man drüben nicht ausgeben. Ostgeld hatte ich keines. Aber mitten auf der Friedrichstraße musste ich pinkeln. Ich sorgte mich: »Was mache ich denn nun?« und bin verzweifelt herumgestolpert. Ich hatte keinen Stoff, es war morgens, und ich kam nirgendwo in eine Kneipe. Aber ich war in Ostberlin! Nach weiteren zwei Stunden erinnerte ich mich, dass ich auch wieder rausmusste. Der Alkohol in mir ging, die Angst kam hoch: »Wenn die mich nun doch noch kaschen, dann komme ich hier in den Knast.« Als ich über die Grenze zurückhumpelte, lief mir der kalte Angstschweiß den Rücken runter. Aber die Kegelbrüder auf der westdeutschen Seite johlten: »Johan kriegt alles geregelt. Der kommt ohne Pass nach Ostberlin. Wie machst Du das?« Es lag nur am Alkohol. Darin liegt der Selbstbetrug. Dennoch konnte mit solchen Heldentaten auch ich mal etwas vorweisen. Die anderen waren Ärzte, Rechtsanwälte, und ich hielt mich nüchtern für eine alte Pflaume gegen sie. Inzwischen sind sechs von ihnen an Alkohol gestorben.

Wenn ich ab und zu Urlaub in Cattolica in Italien machte, wurde nur gesoffen, und natürlich gab es auch Frauengeschichten, zumindest habe ich Frauen gegenüber groß geredet. Den Strand sah ich kaum; denn ich hätte die Hitze gar nicht aushalten können, sonst wäre mir der ganze Alkohol aus dem Körper gelaufen. Gebräunt wurde ich von den Barlampen statt von der Sonne. Jeden Abend ging bis fünf Uhr früh die Post ab: »Let's twist again like we did last summer.« Ich dachte: »Dies ist das Leben!« Auch das ehemalige Jugoslawien besuchte ich. Ganze Trupps aus Schweden landeten hier; denn es ging noch wilder zu: Man konnte mit zehn Mark ein ganzes Dorf besoffen machen, und in den Touristenbars warteten bereits die einheimischen jungen Frauen auf zahlungskräftige Ausländer. In eine dieser Bars rutschten die Gäste über eine Rutsche und wurden unten von circa dreißig Jugoslawinnen empfangen. Ich dachte auf meinem Weg nach unten: »Ich bin im Paradies gelandet!« Zwar erwachte ich morgens, ohne zu wissen, was ich am Abend zuvor gemacht hatte oder wo ich überhaupt gewesen war, aber ich kam zur Ruhe, hatte ein gutes Gefühl und fand: »So schlimm ist das alles gar nicht.« Zuzugeben, dass ich ein Bündel aus Angst war, lag mir ferner als fern. Niemand kam damals dicht an mich heran, auch ich selbst nicht.

Von anderen wurde ich sogar beneidet für all das, was ich trotz meiner kaputten Beine auf die Reihe kriegte, vor allem für die Kontakte, die ich herstellte. Daran fand ich Gefallen. Einen Urlaub verbrachte ich mit einem Kollegen, der später eine große Karriere machte und heute noch mein Freund ist. Er war fast blind, ich konnte nicht laufen. Mein Kollege hielt mich am Arm und ich dirigierte ihn durch die Straßen. Zusammen lernten wir einen reichen Edelfriseur kennen, der mit seinen Säbelbeinen und seiner Ausstrahlung, anders als wir, keinen Schlag bei Frauen hatte. »Das werden wir mal ändern!«, ging mein Freund das Problem mit rheinländischem Humor und Ideenreichtum an, so dass wir trotz unserer Behinderungen ein lebensfrohes Trio wurden und jeden Abend zusammen schwofen gingen. Der Friseur brachte, um seine Position zu verbessern, abends einen Karton Dior mit und schenkte jeder Frau, die ihm einen Korb gab, eine Flasche Parfum. Nach kurzer Zeit war er heißbegehrt, was auch auf uns abstrahlte.

Auch zuhause ging die Party weiter, zumindest abends und an den Wochenenden. Wie oft ich allein besoffen Auto fuhr! Dass ich mich und andere verletzen, ja töten könnte, war mir in diesen Momenten völlig egal. Was zählte, war das gute Gefühl, das ich gerade hatte. Andererseits war ich unter Alkohol ein Meister im Fehlerentdecken und einige hatten Angst vor mir. Ich wusste genau, wo die anderen ihre Schwachstellen hatten, und wenn ich was getrunken hatte, dann kriegten sie von mir einen reingeschossen, dass sie zusammenzuckten. »Vor Johan musst Du Dich in Acht nehmen«, hieß es. Von manchem Kegelbruder kannte ich die Eskapaden und wenn mir einer von ihnen wegen etwas Vorhaltungen machte, dann zögerte ich nicht, ihn an seine Fehltritte zu erinnern. Auch durch schlechte Gefühle kriegst Du intensive Adrenalinstöße.

Die Prognose meiner Ärzte lautete, dass man meine Füße nicht erneut operieren könne, so dass ich mit fünfzig im Rollstuhl sitzen würde. Also gab ich richtig Gas und tat bzw. trank alles, um kein Trauerkloß und noch weniger ein Verlierer zu sein. Beruflich hätte ich gar nicht so viel geschafft, wenn ich nicht immer meine Angst weggemacht hätte. Ich bin mit den Kunden abends ausgegangen, habe in Bars die passende Umgebung geschaffen, d.h. die Vertragspartner unterschriftsreif gesoffen, konnte ja selbst einen Eimer vertragen und dachte mir dabei: »Ich arbeite richtig und kann auch saufen wie ein Mann.«

Mit der Zeit begannen die finanziellen Sorgen. Ich brauchte für mein wildes Leben natürlich viel Geld, stand hier und da in der Kreide, ich trickste, um an Kohle zu kommen, und wurde immer unglaubwürdiger, fing schließlich an zu zocken, so dass oft mein ganzes Geld weg war. Aber ich brauchte den Alkohol, um zu überleben, meinte ich. Ich wollte mir Liebe erkaufen und war immer klamm. Dann habe ich meine Mutter erpresst und ihr vorgeworfen: »Du bist schuld, weil Du nicht rechtzeitig Ärzte konsultiert hast!« Daraufhin hat sie mir wieder Geld gegeben und meine Schulden bezahlt, und so hatte ich immer Co-Alkoholiker,

die mir halfen, meine Scheinwelt aufrechtzu-
erhalten.

**Man hilft keinem Suchtkranken, wenn man
ihn nicht mal vor die harte Tatsache stellt,
dass er sich selbst ändern muss
und nicht die anderen.**

Ich wollte immer die Welt ändern, aber nicht
mich. Ich wusste auch gar nicht, wie.

Glaubensmäßig hatte ich gar nichts verinnerlicht.
Schon in der Schule habe ich im Religionsunter-
richt versucht, dem Lehrer zu beweisen, dass er
spinne. Ich schimpfte auf Gott und seine hässliche
Welt. An diesem Tag bin ich vom Auto angefahren
worden und habe zum ersten Mal ein Warnzeichen
bekommen, dachte damals aber nur, ich hätte besser aufpassen sollen. Menschen, die beteten, betrachtete ich als Schlappschwänze. Wenn mir einer
etwas von Glauben erzählte, dachte ich: »Dir trete
ich in den Hintern! Bei meinem Scheißleben!« Ich
habe das Bodenpersonal mit Gott verwechselt und
fand, ich sei im Recht und brauchte von denen
nichts. Ich wollte immer eine heile, angstfreie Welt
haben, in der ich mich jederzeit gut fühlte, zuvor
war ich nicht bereit, mich aus meinen Denk- und
Verhaltensmustern hinauszubewegen. Aber die
Welt ist nicht heil, auch heute noch nicht, obwohl
ich inzwischen damit umgehen kann, wie sie ist.

Mir war bewusst, dass ich oft die Kontrolle verlor. Wenn ich nichts drin hatte, war ich depressiv und nichts in der Welt war für mich in Ordnung. Ich wusste nicht, wie ich mit der Welt fertigwerden sollte. Immer war ich auf der Flucht, musste Geld besorgen, hatte wieder jemanden beleidigt und musste es geradebiegen, außerdem das Hochkommen morgens! Ich lebte nur im Moment, im egoistischen Sinne. Aber ein Problem mit Alkohol? Alkoholiker war für mich jemand, der auf der Parkbank liegt und um eine Mark, heute einen Euro für Wermut bettelt. »Das bin ich nicht, ich habe alles im Griff«, dachte ich. Am Anfang war es nur positiv gewesen, das Trinken und das gute Gefühl, das sich einstellte. Doch jetzt kam der Kontrollverlust und ich brauchte immer mehr. Wenn es windstill war, das heißt, wenn alles glatt ging und alle mich lobten, dann ging es manchmal drei, vier Wochen gut, ich kam ohne Alkohol aus und konnte gut leben. Aber wehe, es kam Wind oder gar Sturm auf, also Verletzungen oder Stress. Dann griff ich sofort wieder zum Alkohol. So wurde aus der seelischen Abhängigkeit eine körperliche.

In meinen Dreißigern fuhr ich regelmäßig nach Bulgarien in Urlaub und war dort während des Sozialismus mit meinem Westgeld ein großer Mann. Ich stand eines Abends auf der Tanzfläche, hatte die richtige Menge Alkohol intus und forderte eine schöne Frau auf. Sie konnte ein bisschen Englisch. »Are you married?«, fragte sie mich. »No«, antwortete ich. »Why not?« »I knew I would meet you here.« Da blieb sie auf der Tanzfläche stehen und lachte und lachte. »You are a charming man.« Ich dachte: »Wenn man so lachen kann wie sie, dann ist man ein glücklicher Mensch.« Sie war Rechtsanwältin, eine hochintelligente Frau. Am nächsten Tag rief sie mich im Hotel an und sagte:«Ich will Dich wiedersehen." Ich war perplex. So etwas war mir noch nie passiert.

Wir trafen uns erneut und sie erkannte bald, dass ich ein Problem mit Alkohol habe. Tatsächlich brauchte ich inzwischen viel mehr als fünf Gläser Bier, um angstfrei zu sein, nämlich neben Bier auch Schnaps, Cognac etc. Allerdings trank ich immer in Kneipen, weil ich allein zuhause vor Einsamkeit kaputt ging, also nicht heimlich wie viele andere, sondern öffentlich. »Du bist eine tragisch-komische Nummer, aber mehr tragisch. Wie ein Clown, der besoffen die Manege betritt. Du meinst, Du seiest lustig, aber Du tust mir leid. Du bist ein armer Mensch«, waren die ebenso deutlichen wie schmerzhaften Worte, die mir die Bulgarin bald entgegenhielt. Ich dachte: »Sie hat irgendwie Recht.«

Prolet (der Frühling) und ich schrieben einander lange Briefe nach dieser Begegnung. Sie wollte immer wissen, ob ich es ohne Alkohol schaffte oder wieder einen Ausrutscher hatte, außerdem, ob ich Geld für vernünftige Dinge ausgab oder für meine Exzesse. Ich legte ihr gegenüber ehrlich Rechenschaft ab, schickte ihr auch Kleidung, die ihr in Bulgarien fehlte, und erhielt im Gegenzug philosophisch-psychologisch untermauerte Ermahnungen und Ermutigung von ihr, wie zum Beispiel diese: »Du bist ein intelligenter, außergewöhnlicher Mann. Ich liebe Dich mehr, je besser ich Dich kennenlerne, mit Deiner guten und schlechten Seite. Dies ist kein Kompliment. Dein zweites Gesicht ängstigt mich. Aber ich bin Deine beste Freundin, egal wie viele Kilometer wir voneinander entfernt sind. Und ich sage Dir, die beste Medizin für Deine Neurose ist, zu vertrauen, optimistisch zu sein und stark. Aber der dickste Hund für Deine Nerven ist der Alkohol. Vielleicht fühlst Du Dich dadurch erstmal besser, aber dann schadet er Deinen Nerven, ist Dein schlimmster Feind. Komm zu mir! Du kannst bei mir wohnen, ich kann uns etwas zu essen bereiten, so dass wir nicht viel Geld für Restaurants oder Hotels verbrauchen werden. Ich habe zwei Zimmer, eine Küche und ein Bad mit warmem Wasser – keinen großen Luxus, aber wir werden ungestört sein und alles wird wunderschön. Mögen wir uns ganz festhalten und wir werden sehen, wie es auf einmal für uns leichter wird. Wir werden uns helfen und mit der Neurose fertigwerden. Ich küsse Dich ganz fest. Bleib immer bei mir. Prolet«

Sie wurde überdeutlich in ihrer kritischen Hilfe und hatte doch keine Chance, mich zu verändern. Einmal berichtete ich von einem Skatspiel unter Männern mit viel Alkohol und erhielt folgenden Kommentar: »Ich finde, Bridge steht ein paar Klassen über Skat, denn da spielen nur intelligente Partner. Ein Mensch kann seine Zeit mit vollwertigerer Beschäftigung als mit Kartenspielen verbringen. Du musst Deine Zeit zum Arbeiten ausnutzen. Nutze Deine Chance bei der Arbeit, die Du erwähnt hast, und verspiele sie nicht. Selbst wenn Du verlierst, ist es nützlich für Dich, denn es ist besser, keinen Erfolg mit einer Entscheidung zu haben, als in seinem ganzen Leben zu schwanken und nichts zu tun. Es ist höchste Zeit, dass Du Dir angewöhnst, ein entschlossener Mann zu sein in allem. Verschwende nicht Deine Zeit. Sei mutig und handele. Tu es ohne Alkohol, nur mit Deinem Willen (und ein wenig mit meiner Hilfe). Trink nicht mehr und denk nicht immer nur an und für Dich selbst – das ist der richtige Weg für Dich.«

Prolet ihrerseits lernte eifrig Deutsch, bat mich um Bücher, auch mal um Geld oder Kleidung, und tat alles, um noch schöner und schlanker zu werden, als sie ohnehin war, um mir mehr zu gefallen. »Vielleicht verliebst Du Dich dann endlich in mich«, schrieb sie mit klagendem Unterton und legte mir unverhohlen Pläne für unsere gemeinsame Zukunft nahe. Sie war sichtlich darauf aus, nach Deutschland zu ziehen. Offenbar fühlte sie, ignorierte aber, dass ich weder bereit noch gewillt war, mich verbindlich auf sie oder eine andere Frau einzulassen. Als ich ihr zu Beginn erklärt hatte, dass mit mir sexuell nichts anzufangen sei, widersprach sie und setzte sich zum Ziel, mir zu helfen.

Sex war anscheinend das Einzige, was die Menschen in kommunistischen Ländern ohne Kontrolle tun konnten. So auch sie, die bereits geschieden war und mit ihrer Art noch einen Greis auf Trab bringen konnte. Sie brauchte immer Männer, die machten, was sie wollte, aber dabei nicht ganz doof waren. Sonst sortierte sie sie aus. Nun war ich ja ganz aufgeweckt und hatte auch Vertrauen zu ihr. Beim zweiten Urlaub, mit dem ich sie gezielt besuchte, begegnete ich ihr relativ angstfrei, auch weil ich wusste, ich würde wieder abreisen, egal was davor passierte. Doch sie bekam irgendwie alles hin und so hatte ich mit vierunddreißig zum ersten Mal sexuellen Verkehr mit einer Frau. Dadurch, dass es bei mir länger dauerte, bekam sie gleich drei Orgasmen und schlussfolgerte wohl, ich sei besonders gut im Bett. Ich wiederum war danach ganz enttäuscht, dass Sex nicht mehr war als dies, und dachte: »Deswegen habe ich mich jahrelang verrückt gemacht! Warum hatte mich dies so aufgeregt? Dann muss ich herausfinden, wie es richtig klappt!«

Also übten wir und entwickelten eine vertraute Beziehung über die Distanz unserer verschiedenen Länder, Sprachen und Kulturen hinweg. Auch meine Mutter war glücklich, als sie sah, dass ich Post bekam. Ich sagte: »Mama, ich glaube, ich bin doch ein Mann.« Umgehend schrieb sie meiner Tante Anna in Amerika: »Johan ist auf dem aufsteigenden Ast.« Sie war heilfroh, die Bürde losgeworden zu sein, dass sie ihren Sohn kaputtgemacht habe. Aber ich hatte immer noch meinen König Alkohol. Wenn ich schlechte Gefühle bekam und zwanghaft im Denken wurde, dann brauchte ich ihn. Beispielsweise hatte meine Mutter vor langer Zeit zu mir und über mich gesagt: »Mein Sohn kann so hässlich sein wie Goebbels, Hauptsache, er hat ein bisschen von seinem Verstand.« Diese Aussage versetzte mir einen Schock. Goebbels hatte auch Klumpfüße! »Solch einen Sohn wünscht meine Mutter sich?«, fragte ich mich entsetzt. Wenn ich irgendwo Goebbels las, kriegte ich beinahe eine Depression. Ich dachte: »Ich bin doch eine Scheißkreatur. Es ist genau das eingetreten, was Mama prophezeit hat.« Ich konnte mich dann gar nicht mehr konzentrieren, sondern war nur noch mit diesen rotierenden Gedanken in meinem Kopf beschäftigt: »Alle anderen sind besser als ich. Was soll ich hier?« Gedanken, für die man mich in die Klapsmühle stecken würde, war meine Überzeugung. Nur mit

Alkohol kam ich aus diesen inneren Abstürzen wieder hinaus.

Eines Morgens erhielt ich auf einen Brief von mir Prolets erschütternde Antwort: »Mein lieber Johan, heute war ein ganz unerträglicher Tag für mich. Tagelang habe ich mit großer Ungeduld auf einen Brief von Dir gewartet. Heute habe ich ihn im Briefkasten gesehen und mit vor Glück zittrigen Fingern aufgemacht. Aber man soll sich nie und auf nichts vorher freuen. Ich habe ihn mehrmals gelesen, bis ich alles verdauen konnte. Meine kleine Welt, die ich mit so vielen Wünschen und Liebe errichtet habe, ist eingestürzt, als ich Deinen Brief las, und liegt zu meinen Füßen. Unabhängig davon, wie schrecklich es ist, danke ich Dir für die Kühnheit und Rechtschaffenheit, dass Du mir die ganze Wahrheit schreibst. Weil ich immer die Wahrheit vorziehe, auch wenn ich mir von ihr wie lebendig begraben vorkomme. Deine schmutzige Nachricht erschütterte mich vor Ekel. Ich bin beschämt für Dich, für mich, für uns beide. Ich habe ganz fest an Dich geglaubt und auch ganz fest an mich geglaubt. Erinnere Dich immer: Wenn Du einmal den Glauben verlierst und ihn dann wiederfindest, wird er nie mehr derselbe sein. Nein, ich will nicht den Glauben an Dich verlieren, will nicht. Ich will an Dich wieder glauben, aber es ist so schwer. Ich bin so betrübt, nicht weil Du es gemacht hast, sondern weil Du es als eine Notwendigkeit gefühlt hast zu tun. Das heißt, ich bin für Dich ein Nichts, eine Null. Und Du findest sehr schwer genügend Kräfte in Dir, um von Deinen schlechten Gewohnheiten abzulassen. Die Macht der Gewohnheiten ist sehr starrköpfig. Ich verstehe das. Aber ich dachte, ich sei eine gute Lehrerin für Dich gewesen. Grausame Selbsttäuschung! Gewohnheit wird oft zum Laster und Du musst Deine Unarten ablegen. Du musst mehr an Dich glauben, so wie ich an Dich. Meine Ratschläge seien gut, sagst Du. Aber Dein Verstand sagt, dass sie nicht genug sind, und Dein Herz bleibt kalt wie ein Stein. Ich wollte es beleben. Ich halte Dir zum letzten Mal eine Moralpredigt, weil ich weiß, wie lästig Ratschläge sind, wenn man sie nicht will. Ich will Dich mit meinem ganzen Herzen glücklich machen und von einer absoluten Wahrheit überzeugen. Mit »King Alcohol« kannst Du nie glücklich sein. Dies ist ein zeitweiliges Glück. Der schwache Sünder, welcher Vergnügen an seinen Lastern findet, ist taub für alle Argumente. Würde ich Deine Kraft nicht klar sehen, würde ich meine Worte nicht in diesem Brief verschwenden. Ich würde sagen: »Mach, was Du willst, ist mir egal.« Aber ich sehe, wie ein kluger Mann sein Geld verschwendet, seine Zeit vergeudet und sein Leben verpfuscht. Du hast mir geschrieben: »Eines kommt mir in stillen Stunden zu Bewusstsein, dass ich in den letzten fünfundzwanzig Jahren überhaupt nicht gelebt habe. Mein Leben war nur ein Vegetieren.« Du verstehst und begreifst alles, aber das ist nur eine erste Etappe. Du musst riesigen Willen haben, damit Du auf den neuen, sinnvollen Weg aufbrichst. Für Dich ist es noch nicht zu spät. Du kannst noch einen anderen Weg einschlagen. Ich weiß, der Anfang ist immer am schwersten, aber Du verstehst die Plattheiten Deines Lebens. Mach den Schritt und geh nie zurück. Bleib nie auf halbem Weg stehen. Lass nicht den Augenblick aus, wenn er gekommen ist, weil sonst alles zu spät ist. Wenn Du Dich wirklich entschließt, dass Du nicht so weiterleben willst wie bisher, hast Du eine Chance. Ich wünsche sie Dir! Nur mit dem Verstand kann ein Mensch schwer sein schlechtes Tun aufgeben. Er muss noch mit dem Herzen fühlen, was er alles getan hat. Er muss nicht nur im Kopf, sondern auch im Herzen überzeugt sein. Du hast dafür keinen Anreiz. Die Arbeit genügt nicht. Der kräftigste Anreiz ist die Liebe. Aber der Alkohol und Deine ersonnene Impotenz töten Deinen Willen. Es fehlt Dir an Liebe zu einer Frau. Die Liebe zu einer Frau veredelt immer den Mann. Sie wirkt wie eine Barrikade, denn wenn der Mann sieht, dass er etwas Schlechtes machen wird und an die Qualen denkt, welche die Frau davonträgt, dann lässt er von seinem Vorhaben ab. Aber das muss ein Mensch fühlen. So ist die Wahrheit der Liebe. Sie ist erhaben über die unanständige Erotik. In der heutigen Welt haben wir einen Mangel an Liebe und wollen deshalb immer etwas anstelle davon haben, zum Beispiel mechanische Erotik als Selbstzweck. Ich aber glaube an die wahre Liebe. Bevor ich diesen Glauben verliere, bevorzuge ich zu sterben. Versuche immer, in jemanden oder etwas oder in das Leben selbst verliebt zu sein. Dann wird Dein Leben immer voll und schön sein. Man denkt mit Liebe an jemanden oder etwas, man macht etwas mit Liebe für jemanden oder etwas. Das ist richtiges Glück. Aber das kann man nur fühlen. Wer wirklich liebt, fühlt eine Notwendigkeit, besser zu sein, vollwertiger zu leben. Die Liebe zu Mutter oder Vater oder zum Kind ist kein ausreichender Anreiz für einen intelligenten Menschen. Dieser Anreiz kann nur von der Liebe zum Beruf oder zu Partner/Partnerin kommen. Als ich Deinen Brief gelesen habe, stellte ich mir Deine Mutter vor, ihre Augen voller Tränen bei Deinem Anblick, und das machte mir großen Kummer. Nicht für Dich, sondern für sie. Vielleicht fühlst Du den Kummer, den Du ihr bereitest mit Deinem Pseudo-Vergnügen, wenn Du sie verlierst. Man erkennt etwas am klarsten, wenn man es verliert. Aber dann wird es zu spät und ganz überflüssig sein. Lieber Johan, bitte lebe so, dass Du sie freudig machst und sehr stolz. Du kannst nicht verstehen, wie sehr sie das braucht. In Deinem vorherigen Brief hast Du geschrieben: »Träume jede Nacht sehr süß!« Wie kann ich süße Träume haben, wenn ich mir das Bild von Deinen Saufgelagen vorstelle? Ich weiß ja schon, wie Du betrunken aussiehst – ein widerwärtiges Bild. Dann gehst Du voll wie ein Schwein (verzeih mir) in ein Freudenhaus, küsst diese widerwärtige Frau mit Deinem säuferischen Mund, ziehst sie aus, bis sie ganz nackt vor Dir steht. Ich habe damit gerechnet, dass dies passieren kann, aber ich habe nicht erwartet, dass es so schnell nach Deiner Abreise passiert. Es ist noch kein Monat vergangen und Du hast alles zwischen uns vergessen. Auch wenn Du gar nicht Geschlechtsverkehr haben konntest, Du hast die Treue in dem Augenblick gebrochen, in dem Du wünschtest, betrunken zu sein und dorthin zu gehen. Das war am Freitag und am Samstag hast Du so großes Schamgefühl gehabt, dass Du noch einmal hackevoll warst. Das ist eine Entschuldigung, denn wer etwas will, verwendet seine Kräfte dafür, und wer etwas nicht will, findet immer Entschuldigungen. Ich kann noch viel dazu schreiben, aber das ist sicher ganz langweilig für Dich. Ich fühle mich schon wie ein Pfarrer: viele Worte und kein Resultat. Nur fühle ich einen physischen Schmerz, wenn ich denke, wie fest ich Dich liebe, und Du verspielst alles. Deine Freunde, mit denen Du trinkst, sind Dir viel näher als ich, aber pass' auf, sie sind Deine größten Feinde.

Mein lieber Johan, diese Psychofilme in Deinem Kopf sind eine große Dummheit und haben nichts gemeinsam mit dem Leben. Sie wühlen in Deinen Nerven herum. Denke nicht diese Dummheiten. Du bist ganz gesund, aber für Dein Tun brauchst Du Entschuldigungen und deshalb hast Du begonnen, diese Einflüsterungen zu glauben, dass Du krank seiest. Halte ein wenig Deine große Phantasie zurück. Meine eigene Depression kommt von dem sehr schweren Leben, das ich hatte. Ich hatte seit dem sechsten Lebensjahr Hilfe von niemanden, sogar von meiner Mutter nicht. Deshalb bin ich manchmal zu Tode betrübt und meine Nerven machen nicht mehr mit. Aber Du siehst, dass ich den Willen habe und bis zur Erschöpfung mit dem Leben kämpfe, um einen anderen Weg zu erreichen. Sei nicht böse, dass ich Dir all diese ehrlichen Worte schreibe. Wir beide sind doch noch jung und für uns ist es noch nicht zu spät. Ich werde alles für Dich tun, denn ich liebe Dich über alles. Ich verurteile Dich nicht. Jeder muss frei sein und kann leben, wie er es wünscht. Du auch. Aber wenn Du ein Alkoholmann sein willst, dann kommt die Degradierung Deiner Persönlichkeit. Mein Herz krampft sich zusammen, wenn ich sehe, wie Du Deine Zeit, Deine Kräfte und Fähigkeiten zersplitterst, die Du erfolgreich für Deine Zukunft einsetzen könntest. Erinnere Dich immer, dass andere Menschen sich manchmal erlauben können zu trinken. Aber Du darfst es nie, denn Du hast kein Maß und kannst nicht »Genug« sagen. Je mehr Du trinkst, desto mehr dürstet Dich. Und dann kommen die schrecklichen Bilder in Deinem Kopf und Du wirst wie ein Narr für die Leute und wie ein Henker für Dich selber. »Ich hoffe«, »vielleicht«, »versuchen« und so weiter sind Ausreden und überzeugen Dich nicht. Wenn Du wirklich willst, dann fasse den Entschluss und beende den Alkohol. Mach es wie ein Mann, nicht wie eine Großmutter. Ich glaube an Dich. Verspiele meinen Glauben nicht bitte. Fasse einen ersten kleinen Zweck ins Auge und spanne all Deine Kraft an, ihn zu erreichen, und dann den nächsten Zweck und den nächsten ... nur so kann man seinem Leben Sinn geben. Und gib Dein Geld der Bank oder Deiner Mutter, aber geh nicht mit viel Geld draußen herum. Ich hatte mich sehr gefreut, dass Du mich bald wieder besuchen kommst, aber wenn Du jede Woche so viel Geld verteilst, werden wir beide uns nicht bald wiedersehen können. Das Geld für uns gibst Du dem Alkohol. Ich weiß, dass Du Dich nicht verantwortlich fühlen willst. Du willst nicht verbindlich sein oder mir etwas versprechen. Wenn Du wüsstest, wie großen Kummer Du mir damit machst! Aber für Dich ist alles egal. Ein entsetzliches Wort, welches unerbittlich zwischen uns steht. Alles bitte, nur nicht »egal«! Ich kann jetzt nicht mehr schreiben. Ich bin ganz müde und ganz traurig. Ich will Dich in meine Arme schließen und nie mehr bleibst Du allein. Du bist, wie ich, so allein. Deine Prolet«

»Mein Gott, hat die mich gern!«, dachte ich, als ich den Brief beiseitelegte. Ich wusste ja: Wenn ich im Freudenhaus landete, war ich nur ein Seelsorgefall. Dort war nichts mit mir anzufangen. Insofern hatte ich kein schlechtes Gewissen gegenüber meiner bulgarischen Freundin. Weil ich mich nicht liebte und nicht achtete, habe ich auch keinen anderen Menschen mit Achtung lieben können. Ich konnte weder treu sein, noch etwas tun, was Bestand hatte. Ich habe nur danach getrachtet: »Wie kriege ich ein gutes Gefühl?« Wenn ich das Gefühl von ihnen bekam, waren die Frauen oder andere Menschen in Ordnung. Wenn ich es nicht bekam, haute ich ab oder beschimpfte und verurteilte die anderen. So ist es, wenn man auf die Gefühlswelle abfährt: Kommt Zuneigung, denkst Du: »Ich bin in Ordnung und begehrt« und Du hast Dein gutes Gefühl. Kommt aber nichts und Du stößt auf Deine innere Leere, denkst Du: »Sie oder er ist doch nicht das Richtige und es hat keinen Zweck.«

Dann passierte das Schlimmste, was ich meiner Mutter angetan habe. Sie war schilddrüsenerkrankt – eine Operation war damals noch nicht möglich – und litt seit einiger Zeit an Angst-

zuständen. Meine Mutter hatte so viele Schuldgefühle mir gegenüber und ich bin sicher ihr Sarg-
nagel gewesen. An einem Abend bat sie mich, bei
ihr zu schlafen, um sie zu beruhigen. Ich wollte
dies auch, aber ich war im Entzug, hatte zwei Tage
zuvor getrunken und saß nun an ihrem Bett und
klapperte und merkte, es kamen wieder diese
Ängste, die zu mir sprachen: »Ich mache Mama
verrückter, wenn ich hier bin, als wenn ich weg
bin.« Also sagte ich, ich ginge Zigaretten holen.
Meine Mutter bat mich eindringlich: »Johan,
komm bitte wieder!« Ich antwortete: »Ich ver-
spreche es Dir.« Ich bin nicht wiedergekommen.
Erst kam ich beim Trinken nicht zur Ruhe, später
war ich zu betrunken. Am nächsten Morgen kam
ich halb besoffen nachhause. Meine Mutter lag
auf der Trage; man war im Begriff, sie mit dem
Krankenwagen ins Hospital zu bringen. Sie blickte
mich aus totkranken Augen an und sagte: »Johan,
Du bist keinen Schuss Pulver wert.« Der Arzt sagte
leise zu mir: »Ihre Mutter wird wohl heute sterben.« »Und wer bezahlt jetzt meine Schulden?«,
überlegte ich, statt an meine Mutter zu denken.
Ich war wie ein Ertrinkender, der sich irgendwo
anklammert und alle anderen runterreißt mit dem
ganzen Unheil, das er anrichtet. Meine Mutter ist
am selben Tag gestorben.

Für einen Suchtkranken ist es das Schrecklichste, wenn er merkt: die Retter gehen weg.

Mein Vater starb acht Tage nach meiner Mutter. Verursacht durch einen Gehirnschlag kippte er zuhause vom Toilettensitz und war auf der Stelle tot. »Warum? Warum wieder ich? Und was habe ich alles unterlassen, das ich hätte tun sollen?«, marterte mein Kopf mich, während ich mich körperlich wie gelähmt fühlte. Ich habe eine ganze Menge Geld geerbt, die beide Eltern für mich gespart hatten, aber ich ahnte, Geld würde mir auch nicht helfen. Meine Tante Anna war zu den Trauerfeiern aus Amerika gekommen. Sie mochte mich ganz gerne und erklärte mir, dass man vor dem Kampf im Leben nicht davonlaufen könne. Mahnend wandte sie sich an mich: »Mein Junge, krieg den Hintern hoch! Wenn Du so weitermachst, bist Du auch bald tot. Du hast Deine Familie verloren und das tut weh, aber das Leben gehört den Lebenden. Ich halte zu Dir. Wenn Du Dich aber drückst, trage ich Dich nicht. Du musst kämpfen, sonst gehst Du ein.« Trotzdem war ich zwiespältig und versuchte zu tricksen.

Bei den Anonymen Alkoholikern sagt man: »Jeder braucht seinen persönlichen Tiefpunkt, vorher dreht er nicht um«, und diesen hatte ich noch lange nicht erreicht. Ich habe nur immer rum-gehampelt, war mal eine Zeit nüchtern, hatte dann wieder Alkoholexzesse, Schuldgefühle, wurde immer depressiver, dachte Selbstmordgedanken und hoffte dann, bevor ich einschlief, nicht wieder aufzuwachen. Ich hasste es, wenn ich wach wurde und nicht wusste, was ich gemacht hatte. Ich hätte jemanden umbringen können und hätte es nicht gemerkt, weil ich total weg war. Mir fehlten manchmal zwei Tage, von denen ich keinerlei Ahnung hatte, was gelaufen war. Es ist die Hölle, dann wieder wach zu werden und die kommende Depression zu spüren für all die Fehler, die man nicht mal richtig erkennt. Aber man weiß und ich wusste: »Stoff macht mich wieder flott.« Und genauso erlebte ich es unzählige Male.

Es kam eine ganz schlimme Zeit. Ich befand mich kurz vor dem Rollstuhl, hatte keine Eltern mehr, die mir aus dem Schlamassel halfen und dachte: »Nun bricht die Welt zusammen.« Zudem hatte ich durch das Geld meiner Eltern plötzlich Verantwortung für mein Erbe, für einige Mieter in Häusern, die mir nun gehörten. Mein Bruder lebte mit seiner Lebenspartnerin weit entfernt und bat mich, mich um das Vermögen zu kümmern. Mein Problem war, dass ich meinen Bruder nicht um das Erbe betrügen wollte, indem ich Geld für meine Eskapaden auf die Seite schaffte; denn zumindest wollte ich nach außen mein gutes Image

bewahren. Aber mit meinem Selbstzerstörungs-
trieb tat ich immer wieder Dinge, die mich und
andere schädigten. Tante Anna schrieb mir: »Die
Neurose, die Deine Schwermut verursacht, glaube
ich, wird durch Deine Hodengeschichte hervor-
gerufen. Ich habe beobachtet, wie Deine Augen
jede junge Frau verfolgten, wenn wir spazieren
gingen. Aber ist Deine sexuelle Schwäche wirklich
das Ende der Welt? Du musst der Wahrheit ins
Auge sehen und sie nicht mit Alkohol betäuben.
Es gibt auch ein Leben ohne eine Ehefrau oder
mit einer Frau, die lediglich bei Dir lebt, ohne Dir
sexuell nahe zu sein. Die besten Ärzte können aber
niemandem helfen, der nicht selbst den Willen hat,
gesund zu werden. Ich wünsche, ich könnte Dir
mehr schreiben als: »Immer, immer wieder geht
die Sonne auf, auch nach der dunkelsten Nacht.«

Dennoch blieb ich erfolglos auf der Suche nach
dem Ausweg aus meiner Einsamkeit, blieb gefangen im Alkohol und in Frauenbegegnungen.
In diesem Zustand schrieb ich Prolet, dass meine
Eltern verstorben seien. Sie teilte mir mit, sie sei
auf dem Weg nach Ostberlin. Dort habe sie einen
anderen Mann kennengelernt und sei im Begriff,
ihn zu heiraten. Ich dachte: »So sehr hat es Dich
also aufgeregt, dass ich im Puff war! Kaum bin ich
länger nicht in Bulgarien, hast Du gleich einen anderen Mann.« Ich dachte nicht: »Weil ich im Puff
war und weil ich immer noch mächtig trinke, statt

unsere Zukunft aufzubauen, hast Du Dir zu Recht einen besseren Mann gesucht.« Ich fühlte nur die Leere, die Prolet hinterließ, und sah in meinem Leben keinen Sinn mehr. Dass sie abgehauen war, mich alleingelassen hatte, machte mich so fertig, dass ich mich in eine Hamburger Nervenklinik einweisen ließ. Ich dachte: »Die drehen bei mir eine Schraube an und dann ticke ich richtig.« Dass ich etwas in meinem Leben ändern musste, war mir noch immer nicht klar. Alkoholismus ist kein Beinbruch, der in sechs Wochen wieder zusammenwächst.

»Zwanghaft, impotent, neurotisch, paranoid«, lautete die Diagnose. Ich dachte: »Damit habe ich eine Lizenz zum Saufen.« Was mein eigentliches Problem ist und was in meiner Kindheit wirklich passiert war, wurde nicht ergründet, sondern mit sinnlosen Fragen durchleuchtet, ob ich etwa als Kind zu heiß gebadet worden wäre. Dabei brachten sie mich von der Pulle zur Pille. Es war die schlimmste Zeit meines Lebens; sie stürzte mich tiefer in meinen Schlamassel, statt mich aus diesem herauszuholen. Mein Eindruck war: »Hier versammeln sich alle Menschen, die mit dem Leben nicht zurechtkommen, und ich gehöre nun auch dazu. Jetzt ist es total vorbei.« Sie gaben mir all die Volksnahrungsmittel, zu denen Psychopharmaka heute geworden sind: Valium, Limbatril, Saroten, Neurozil. Mich umgaben schlimme

Fälle mit ebenso schlimmen Lebensgeschichten, und es herrschten Traurigkeit und Einsamkeit. Ein bekannter Olympiateilnehmer war dort, manisch-depressiv, und tickte regelmäßig aus, so dass ich folgerte: »Wenn es sogar den trifft, dann drehe auch ich bald völlig ab.« Der Mann, der neben mir im Zimmer lag, behauptete, er sei Tolstoi. Ich dachte: »Wenn ich hier rauskomme, bin ich Dostojewski.« Diejenigen, die schon einen Selbstmordversuch unternommen hatten, trugen einen speziellen Kittel. Ich befürchtete: »Den bekomme ich auch bald!« Schließlich besuchte mich auch noch ein Handelsvertreter, dem ich gesagt hatte, ich ginge zur Kur wegen meiner Beine. Es ließ sich nicht abwenden, dass er in der Klinik auftauchte. »Jetzt erzählt der in der Firma, ich sei in der Beklopp-tenanstalt gewesen«, argwöhnte ich und schämte mich zugleich; denn eigentlich war er freundlich mir gegenüber. Nach ein paar Wochen wurde ich mit einem Koffer voller Tabletten entlassen und fragte mich, wie sie diese einem Alkoholiker wie mir mitgeben konnten? Wusste ich doch genau: »Valium 10 und eine halbe Flasche Schluck – dann schlafe ich wie ein Murmeltier.« Tagsüber lief ich allerdings herum wie ein Roboter, ohne Identität und außer Gefecht gesetzt, und da lahmarschig nicht meine Lebensart ist, bin ich ruckzuck wieder nur bei Alkohol gelandet.

Ich habe weitergearbeitet, der Alkohol wurde

immer mehr. Noch einmal bin ich in eine psycho-somatische Klinik in die Lüneburger Heide gefahren. Dort waren viele Patientinnen mit weniger starken Problemen als meinen und auch viele weibliche Angestellte. Mein altes Problem, von Frauen angenommen zu werden, machte sich bemerkbar. Um einen guten Eindruck zu machen, habe ich gelogen und zu der Therapeutin so gesprochen, als hätte ich begriffen, dass ich selber mich ändern muss. Überhaupt nichts hatte ich begriffen! Drei Tage nach der Entlassung kam Stress bei der Arbeit, als ich mich auf einer Messe dem Verkaufsdruck stellen musste. Ich dachte: »Der eine nimmt mir die Angst weg«, habe auch ganz gut verkauft, war ja nicht auf den Mund gefallen, wenn ich was drin hatte. Und so ging es dann weiter.

Prolet hatte mich mit ihren Freundinnen bekannt gemacht, alle gebildete Frauen und ein anderer Level als der, auf dem ich mich zuhause in Bars und Etablissements bewegte. Durch mein deutsches Geld passte ich gesellschaftlich zu diesen bulgarischen Frauen und als ich meinen Urlaub wieder in Bulgarien verbrachte, tröstete ich mich mit einer sehr hübschen Freundin meiner Verflossenen über diese hinweg. Ich war abhängig von Menschen und den Gefühlen, die sie mir verschafften. Nur solange ich diese bekam, ging es mir ganz gut.

So sind die Suchtkranken: Wenn eine Leere entsteht, stopfen sie etwas anderes in das Loch hinein.

Bogys Haarpracht bedeckte ihren Körper, so dass sie keinen Badeanzug brauchte, und ihr Körper war biegsam wie der einer Tänzerin. Ich hatte ja nun gelernt, ein Mann zu sein, und ließ mich gerne auf sie ein. Dadurch kam ich vom Regen in die Traufe. Sie mochte Sex nur in Gefahrenmomenten; im Restaurant oder anderswo in der Öffentlichkeit verschaffte es ihr besonderen Reiz. Und ich besorgte ihn ihr, auch wenn ich innerlich den Kopf schüttelte, siegten meine Eitelkeit und Angst, verlassen zu werden. Wir waren ein ideales Team – sie seelisch kaputt im Sexuellen und ich im Alkohol gefangen.

Als wir uns bereits regelmäßig trafen, schrieb Bogy mir mit Hilfe einer Dolmetscherin: »Lieber Johan, Dein Brief über acht Seiten hat mich auf eine Idee gebracht. Deine ideale Profession wäre Diplomat. Du hast sehr viel geschrieben, aber das, was mich am meisten interessiert, fehlt. Ich bin in Sofia 2000 Kilometer von Dir entfernt. Ich bin teilweise an Dich gebunden, ob ich will oder nicht. Auf was warte ich und wie lange? Ich habe keine Ahnung. Ist es überhaupt richtig? Du hast angedeutet, dass Du 5000 D-Mark nicht für ein Abenteuer ausgegeben habest. Aber weiter hast

Du Dich nicht geäußert. Genauso kann ich sagen, dass ich nicht zweimal ans Meer gekommen bin, nur um ein Sonnenbad zu nehmen. Doch wenn wir beide wissen, dass wir unsere zukünftigen Leben aufbauen, müssen wir jetzt etwas deutlicher sprechen. Das habe ich früher verlangt und das verlange ich heute wieder. Meine Position ist schon sehr klar: Ich bin bereit. Aber nicht für unbestimmte Zeit. Das Leben ist viel zu hart, um auf uns zu warten. Wir müssen doch jetzt etwas anfangen. Du sagtest, es wäre möglich, dass ich einen Besuch bei Dir mache. Bitte sei so gut und schick mir eine Einladung. Es ist sehr schwer, einen Pass und ein Ausreisevisum zu bekommen, aber ich werde doch zumindest wissen, es tut sich etwas. Probieren muss man. Ich werde Dir nicht die ganze Zeit zur Last fallen. Ich bin genau informiert von meinen Kollegen, wie hoch und wie leicht in Deutschland Geld zu verdienen ist. Ich werde selber versuchen, wie ich durch meine Profession existieren kann. Ich muss Dir noch etwas sagen: Manchmal dauert eine Heiratserlaubnis ein bis zwei Jahre. Manchmal wird sie sogar abgelehnt. Wir müssen uns mit sehr viel Geduld versehen, dass man unseren Willen durchsetzt. Falls so ein Wunsch existiert. Wirst Du so viel Willensstärke besitzen? Ich werde Deutsch richtig lernen müssen, aber weh Dir. Wenn ich gut zu sprechen anfange, werde ich zuerst zu streiten anfangen; denn mit

Deinen Briefen bringst du manchmal Ärger statt Freude. Mit Deinem letzten Brief hast Du mich wirklich gekränkt! Du vergleichst mich darin mit Prolet. Die ist jetzt glücklich verheiratet. Ich bin oft bei ihrer Mutter und lese ihre Briefe. Sie bemüht sich immer noch, mit allen weiblichen Mitteln aus Dir Geld zu pumpen. Und Du vergleichst mich mit ihr! Glaubst Du, das ist richtig? Und machst Du nicht einen großen Fehler? Ich werde Deinen Gefühlen nicht nachgehen, aber bitte Dich, über Eure Beziehung mich nicht weiter zu unterrichten. Ich bin nicht neugierig. Aber ich habe gemerkt, wenn Du Dich in solche Probleme vertiefst, werden Deine Nerven angespannt und Dein Gesundheitszustand leidet. Hast Du das nötig? Vielleicht wartest Du auf ein gutes und schönes Leben noch tausend Jahre. Darf ich Dir einen Rat geben? Sei mit dem Leben zufrieden und mach Dir möglichst keine Sorgen. Jeder hat Sorgen und Lebensprobleme, aber darf sich damit nicht produzieren und andere dafür engagieren. Unsere Devise muss sein: Morgen ist ein besserer Tag. Oder willst Du weiter in der Dunkelheit leben? Meine Kollegin hat Deinen letzten Brief gelesen und gesagt: »Das ist kein Liebesbrief, nicht einmal Küsse hat er geschickt.« Hast Du sie vergessen oder wolltest Du sie nicht schicken? Sie ist achtzehn und vielleicht hat sie Recht. Ich habe mich nun sehr gequält, alles deutlich zu sagen. Wenn Du mich jetzt nicht verstanden hast, glaube ich, wird es nie geschehen. Viele Küsse und auf baldiges Wiedersehen in Deutschland. Deine Bogy«

Mein Selbstwertgefühl fühlte sich geschmeichelt. Diese schöne Frau wollte ihr Leben mit mir verbringen. Aber ich sah zu viele Dinge in ihr, die mich immer nachdenklicher machten. Es war gar nicht lange her, da hatte sie meinen Geburtstag vergessen. »Sie will mich heiraten und hat nicht mal behalten, wann ich Geburtstag habe?«, fragte ich mich. So blieben wir zwar in intimer Verbindung, aber kamen uns nicht so nahe, wie Bogy vorschlug.

Meine Potenz hielt vier wilde Jahre an. Dann dachte der Herrgott wohl: »Jetzt müssen wir mit ihm mal etwas anderes anstellen, er muss weiter nach unten, damit er die Schnauze voll hat von seiner Selbstzerstörung und Negativität, bis er begreift, dass er sich ändern muss und nicht die anderen.« Damals allerdings erkannte ich nur: »Mit Sexualität heile ich meine Angst und Einsamkeit auch nicht.« Dies waren Trugschlüsse gewesen.

Mein persönlicher Tiefpunkt war mein Autounfall. Ich konnte mittlerweile nur noch Autofahren, wenn ich besoffen war, sonst hatte ich Angst, es nicht zu schaffen. Am 28.12.1971 hatte ich nicht getrunken und bat meine Cousine, mein Auto zu fahren. Auf dieser Fahrt sind wir bei Glatteis schwer verunglückt. Als wir auf den Brückenpfeiler knallten, flog ich kopfvoran in die

Windschutzscheibe, die zerbarst, während unser Auto durch den Aufprall schleuderte und an der Leitplanke hängenblieb. Siebzehn Autos rasten ineinander, es knallte und zischte um mich herum wie in einem Feuerwerk. Als ich dort lag und spürte, dass ich meine Beine nicht mehr bewegen konnte und Blut aus meinem Kopf lief, schaute ich nach oben zum Himmel und dachte: »Vielleicht ist dies mein Ende und ich sterbe in ein paar Minuten.« Dort im Himmel stand auf einmal meine Mutter: schweigend, mahnend. Ich hatte bisher nie an Gott oder so etwas geglaubt angesichts aller Dinge, die auf der Welt passierten. Aber jetzt dachte ich: »Wenn es doch einen Gott gibt, dann habe ich schlechte Karten. Ich habe nur Scheiße in meinem Leben gemacht.« Wie ein elender Wurm fühlte ich mich und jammerte vor mich hin: »Ich will nicht mehr so leben! So nicht mehr!« Dies immerhin wusste ich jetzt. Mein Leidensdruck war größer als sonst, wenn mich die Sucht beherrschte.

Man brachte mich mit Blaulicht ins Krankenhaus. Bezüglich meiner Lebenserwartung hatte ich mich verschätzt. Die Diagnose lautete: vier Monate auf der Stelle liegen. Weil ich an Scheuermann erkrankt bin, kann ich gar nicht auf dem Rücken liegen, aber jetzt musste ich es. Ich dachte, ich würde verrückt! Die Vorstellung, nüchtern untätig zu verharren, bereitete mir solch große Ängste und Panik, dass ich befürchtete, sie würden mich in eine geschlossene

Abteilung verlegen müssen Zudem wusste ich gar nicht, wie es weitergehen sollte und ob ich noch mal würde laufen können. Während dort auf der Intensivstation mein Leben an mir vorbeizog mit all dem Mist, den ich gemacht hatte – meine Mutter ins Grab gebracht und die ganze Familie kaputt –, sagte ich zu dem Nervenarzt: »Ich brauche Sinn! Ich habe gar keinen Sinn im Leben, ich bin beziehungsgestört und laufe auf der Welt herum wie ein blindes Huhn, suche immer etwas, aber picke anscheinend an der verkehrten Stelle, ich arbeite immer noch, habe keine finanziellen Sorgen, aber gehe manchmal vor Einsamkeit kaputt, weil ich denke: »Wenn jemand rausfindet, was ich für eine alte Pflaume bin, kriege ich noch weniger Zuwendung als ohnehin schon.« Dieser Arzt erkannte, dass ich einer von den zehn Prozent in Deutschland war, die Alkoholiker sind, aber keiner sein wollen, und gab mir im Nachhinein den besten Rat, den mir je ein Arzt gegeben hat: »Kümmern Sie sich mal um Alkoholiker!« Spontan dachte ich: »Der arme Kerl, der ist selber bekloppt. Jetzt soll ich durch Osnabrück stolpern, Leute von den Bänken auflesen und ihnen sagen: »Mein armer Freund, Du trinkst ja noch mehr als ich!« So war meine Wahrnehmung damals: Es ist schlecht, wenn ein Esel zum anderen sagt: »Was hast Du für lange Ohren!« Ich fragte trotzdem: »Wie kann ich das denn?« Er antwortete: »Anonyme Alkoholiker.«

Davon hatte ich noch nie gehört, dachte aber: »Oh, das ist so ein Geheimbund. Die bringen mir vielleicht bei, wie ich mehr trinken kann, ohne aufzufallen. Das hört sich gut an!« Glücklicherweise gab er mir deren Telefonnummer und ich habe sie behalten. Am nächsten Tag fragte ich den Chefarzt der Orthopädie: »Ihr Kollege, der Nervenarzt, braucht der vielleicht selbst psychiatrische Behandlung?« »Warum fragen Sie?« »Er hat mir empfohlen, Sinn zu finden, indem ich mich um Alkoholiker kümmere. Ich denke, der ist nicht ganz frisch!« »Lassen Sie die Finger von den willensschwachen Subjekten!«, sagte der Chefarzt und gab mir Valium. Den Arzt fand ich in Ordnung. Ich kam wieder zur Ruhe. Auf schnellem Wege.

Hierin liegt die Ungeduld vieler Menschen: Sie wollen Aussaat und Ernte in einem.

Darin lag auch mein Problem. Wenn ich Applaus bekam, war ich meist ganz gut gelaunt, aber wenn die Anerkennung nicht oder später kam, dann wehe den Verweigerern, dann guckte ich, welche Fehler die anderen machten, statt bei mir zu schauen, und rieb sie ihnen unter die Nase.

Ich wurde nach Monaten aus der Klinik entlassen, hatte vier Monate Gehalt bekommen, ohne etwas dafür zu tun; ich hatte noch nie zuvor so viel

Geld und Zeit gehabt. Gleich landete ich in einem Etablissement für Männer, schließlich hatte ich Nachholbedarf nach den vier Monaten im Krankenhaus und gab richtig Gas. Freudenhäuser habe ich in meiner Einsamkeit oft besucht, um mir Wärme und Bedauern zu kaufen und weil sie als einzige in der Nacht noch offen hatten. Bei einer Prostituierten, die mir besonders gefiel, landete ich meist am frühen Morgen, war total betrunken und die anderen warnten sie dann schon: »Da kommt Dein Seelsorgefall.« Diese Frau hatte bei mir vermutlich das Gefühl, sie müsse sich um mich kümmern, weil sie spürte, dass ich dabei war unterzugehen. Manchmal zahlte sie ein Taxi, damit ich nachhause kam. Immer sagte sie zu mir: »Du bist so ein lieber Kerl und Du hast es so schwer.« Und ich dachte: »Einer hört mir wenigstens zu und hat mich lieb.« An dem Abend nach meiner Entlassung wurde ich freudig empfangen: »Johan, dass Du noch lebst!« Ich dachte: »Die mögen mich!« Und habe gleich getrunken. Als ich dreiviertel betrunken war, fiel mir eine Krücke weg. Ich wusste, wenn ich jetzt fallen und mir nochmal etwas brechen würde, wäre es vorbei mit mir. Ich rief: »Ruf ein Taxi, ich will weg!« und habe mich sofort nachhause fahren lassen.

Acht Tage habe ich gebraucht, um aus meinem Absturz herauszukommen, dann bin ich zu den Anonymen Alkoholikern gefahren. Ich fragte mich, was die wohl mit mir machen würden. In mir war solch eine Angst, dass mich einer entdeckte! Wenn ich besoffen durch die Stadt geschossen bin, sorgte ich mich nicht, denn das machten alle. Doch ich arbeitete in der Nähe der AA und war überzeugt: »Wenn mich jetzt einer der Kollegen sieht, bin ich erledigt. »Der geht zu den Säufern«, würden die sagen. Ich erwartete, dass drinnen alle mit ihrer Flasche auf Bänken liegen würden. Alkoholiker eben. Ich hatte ja schließlich eine Arbeit, ein Auto, ein Haus und damit alles im Griff. Doch drinnen saßen nette Menschen auf Stühlen, sie sahen vernünftig aus und sagten: »Nimm Platz, wir duzen uns alle. Du brauchst nichts zu sagen, kannst aber was sagen und musst selber rausfinden, ob Du Alkoholiker bist.« Der Erste begann sich vorzustellen mit den Worten: »Ich bin Alkoholiker.« Ich dachte: »Das hören die nie von mir! Ich bin doch kein Alkoholiker! Ich trinke zwar viel, aber doch nicht so!« Alkoholiker war für mich nach wie vor ein Schimpfwort.

Die Berichte der Anwesenden haben mich gleich begeistert. Einer war dreizehn Mal zum Entzug in Kliniken zwangseingewiesen worden, nachdem er immer wieder rückfällig geworden war. Er habe dort Tabak gefressen, um Gift in den Körper zu bekommen, weil er den Suchtdruck nicht aushielt, berichtete er und wie er Schaufenster eingeschlagen habe, um an Stoff zu kommen. Dann habe einmal ein Anonymer Alkoholiker in einer Klinik vorgetragen und erklärt: »Ihr seid nicht willensschwach, sondern krank.« Als er selbst wieder draußen war, sei er zur Gruppe der AA gegangen. Er war damals entmündigt, hatte Schulden bis zum Hals, war geschieden. Aber heute sei er seit ein paar Jahren trocken und habe seine Schulden abbezahlt und sich sogar ein Auto gekauft. Er sei so dankbar und bekräftigte: »Es lohnt sich.« Eine Frau war als Krankenschwester entlassen worden, weil sie tablettenabhängig war und man befürchtete, sie würde die Klinikbestände angreifen. Auch sie hatte ihr Leben in den Griff gekriegt. Eine andere Frau, deren Mann beruflich ein hohes Tier war, aber nie verstand, weswegen sie trank und so starke Ängste hatte, begriff in der Gruppe, dass sie stets nur funktioniert hatte, statt zu leben, erkannte ihren Kontrollverlust im Leben und durch den Alkohol und hörte auf zu trinken, ohne jemals eine Kur in Anspruch zu nehmen.

Es gäbe ein Programm bei AA, erklärten sie, und der erste Schritt sei die Kapitulation vor dem Alkohol: »Ich gebe zu, dass ich dem Alkohol und anderen Suchtmitteln gegenüber machtlos bin und mein Leben nicht mehr im Griff habe.« Mein Leben entglitt mir durchaus, aber kapitulieren? Alkohol war immer mein Lebensretter. Wenn ich in Notsituationen kam und nichts mehr half, wusste ich: »Ich kriege jede Depression und jede Angst mit einer richtigen Ladung weg.« Hätte ich keinen Alkohol mehr, kämen die schlaflosen Nächte, ich würde nichts mehr geregelt bekommen, bei der Arbeit rausfliegen, ich hätte kein Geld mehr ... also musste ich diese Tür für immer offenhalten. Genau dies bedeutet Suchtkrankheit:

Wenn man mit dem Alkohol anfängt, geht die Reise los und damit ist ein Loch im Deich und sobald die Flut ein bisschen höher steigt, also schwierige Situationen kommen, säuft man wieder ab.

Dies ist das Verteufelte an der Krankheit: Wie der bare Teufel gaukelt sie einem vor: »Du bekommst es geregelt!«, aber darin liegt der Irrtum. Der zweite Schritt klang noch härter: »Etwas, das größer ist als ich, kann mir meine geistige Gesundheit wiedergeben.« »Fangen die jetzt an, Halleluja zu singen?«, schoss es mir durch den Kopf, »da gehe ich doch nie wieder hin!«

Ich hatte schwere Rückfälle, aber die Anonymen Alkoholiker haben mich nicht rausgeworfen und ich bin immer wieder zur AA-Gruppe gegangen. Vor dem ersten Rückfall habe ich voller Hoffnung Bogy in Ostberlin besucht, die dort inzwischen lebte. Es war noch immer nicht lustig in der DDR, auch wenn ich dieses Mal mit Reisepass einreiste. Ich irrte an unserem Treffpunkt herum, doch sie verpasste unser Rendezvous. Sie habe wieder einen neuen Mann, erzählte sie mir, als wir uns später doch noch trafen. »So schnell geht das also«, dachte ich, »was ist mit den Frauen los?« Ich fühlte mich nichtig, weggeworfen und ersetzt. Mein Suchtgedächtnis war geblieben und beredete mich, dass ich die furchtbarste Situation regeln könne mit Stoff. Von Jetzt auf Gleich würde alles in Ordnung sein. Es war so verlockend. Als ich auf der Rückfahrt Hannover erreichte, konnte ich vor schwachen Nerven nicht mehr Autofahren und musste etwas trinken. Der Suchtdruck, also die unaushaltbaren Gedanken im Kopf und das Zittern im Körper, waren so schlimm, dass ich mit dem Kopf gegen die Wand laufen wollte. Sobald aber Stoff kam, tickte ich plötzlich wieder richtig – dachte ich. Ohne die Krücke Alkohol konnte ich damals nicht mehr leben, und zu lernen, ohne die Krücke zu leben, war verdammt schwer. Nun war ich wieder drauf und ertrank zudem im Selbstmitleid: »Bogy ist schuld mit ihrer Treulosigkeit.« Immer musste ich einen Schuldigen haben, den ich verurteilen konnte.

Vor dem nächsten Rückfall sagte mein Chef völlig überraschend zu mir: »Wir fahren nach Holland, dort müssen wir eine Kollektion vorstellen.« Also hieß es, schnell zu packen und ab über die Grenze, nachmittags sollten wir schon in Rotterdam sein. Damals bekam man noch keinen Alkohol an der

Tankstelle, ich fuhr also ohne Stoff. Gleich nach der Ankunft musste ich nach oben auf die Bühne, konnte mit meinen Klumpfüßen aber nicht richtig stehen, hatte Schmerzen und sollte dennoch schwungvoll etwas vortragen. Außerdem ging es mir psychisch schlecht; denn ich dachte: »Wenn ich dies heute nicht schaffe, wird es eine Katastrophe geben, dann sagen sie, ich sei ein Versager, und dann fliege ich raus.« Natürlich lieferte ich eine traurige Vorstellung ab und habe nichts verkauft. Am nächsten Tag sollte das Gleiche in Eindhoven stattfinden. Abends sagte mein Chef zu mir: »Ich hoffe, morgen sind Sie in besserer Verfassung. Das war ein Trauerspiel, was Sie heute abgeliefert haben. Es kommen hundert Niederländer, reißen Sie sich mal am Riemen.« Ich hatte noch mehr Angst, dass ich die ganze Nacht nicht schlafen und morgen noch schlechter präsentieren würde. Ich sah mich schon rausfliegen. Also beschloss ich, ein paar Bier zu nehmen, damit ich wenigstens würde schlafen können. Dabei habe ich die Kontrolle verloren und den Punkt verpasst; denn bis ich ruhig wurde, dauerte es inzwischen viele Runden. Am anderen Morgen musste mein Chef mich wecken und ich hatte noch das kalte Kotzen. »Sie haben zu viel getrunken!«, sagte er und hatte Recht. »Machen Sie, dass Sie ins Auto kommen!«. Ich konnte nicht frühstücken, sondern musste ständig würgen. »Heute ist mein letzter Tag bei der Arbeit«, dies war mir immerhin klar. In Eindhoven entschuldigte ich mich; denn ich musste dringend zur Toilette. Auf dem Weg kam ich an einer Bar vorbei, darauf standen drei Flaschen Whisky. »Die sind mein Lebensretter«, dachte ich und habe zum ersten Mal in meinem Leben geklaut und mir eine Flasche unters Jackett gesteckt. Dann bin ich an den Whiskey rangegangen. Den ersten habe ich noch ausgebrochen, der zweite blieb etwas drin und beim dritten, einem ordentlichen Hieb, wurde ich ganz ruhig. Mit einem Mal habe ich oben auf der Bühne gestanden unter Doping, Aufträge über fünfundzwanzig Tausend D-Mark kamen rein und mein Chef meinte zu mir: »Mit Ihnen ist ein Wunder passiert.« Da schlussfolgerte ich: »Der Alkohol hat mir meine Stelle gerettet.« Es war das vorletzte Mal, dass ich getrunken habe.

Dies ist die Not im Kopf: die Angst, die Unsicherheit, was die Leute von Dir denken, wenn Du irgendwo bist und Dich bekennen musst.

Beim letzten Rückfall bin ich beinahe draufgegangen. Es passierte im Urlaub. Erst hatte ich gar nicht in Urlaub fahren wollen. Da ich keine Partnerin hatte, die auf mich aufpasste, schien mir dies – zu Recht – gefährlich. Ich musste immer auf mich selber aufpassen und darin war ich damals nicht besonders gut. Was sollte ich dort am Meer eigentlich? Sport konnte ich nicht treiben, wie sollte ich Kontakt kriegen? Elf Tage habe ich es nüchtern ausgehalten. Alle waren fröhlich, nur ich mit meinen kaputten Beinen nicht. Ich konnte nix und fühlte mich sehr einsam. Am zwölften Tag war ich an der Bar und wollte gerne dazugehören; denn mit Alkohol konnte ich Brücken zu Menschen bauen. Ich dachte nur: »Ach, trink mal einen Cognac.« Danach wäre ich aus dem Urlaub beinahe nicht mehr zurückgekommen. Die letzten drei Tage habe ich volles Rohr getrunken und fand: »Jetzt bin ich wieder obenauf und das Leben pulsiert.« Weil ich wieder nicht kapierte, was mir diese Menschen bei AA vermittelten, die damit nur helfen wollen, war ich so enttäuscht von mir, dass ich mich zuknallte mit dem Gedanken: »Ich bringe mich bald um! Oder werde gar nicht mehr wach.«

Als ich dennoch wieder wach wurde, fragte ich mich: »Will ich eigentlich noch leben oder will ich kaputtgehen?« »Leben«, antwortete es in mir, »aber so nicht mehr!« Erst jetzt konnte ich vom Bauch her kapitulieren und erkannte: »Ich muss mich für Leben entscheiden. Aber nicht mehr diesen Selbstmord auf Raten begehen.« Ganz still bin ich zur Gruppe gegangen und habe gesagt: »Ich heiße Johan und bin suchtkrank.« Das hörte sich wenigstens edler an als dieses widerwärtige Wort Alkoholiker. Ich wollte es nicht sein! Ich wusste, wie sie in meiner Heimatstadt darüber sprachen. Wenn einer dreimal den Arm gebrochen hatte, bekam er Mitgefühl, sogar Anerkennung. Aber wer dreimal auf dem Trockendock war – unerhört. Wenn ich so einer wäre, hätte ich ja einen Makel. Nach meinem Bekenntnis tauchte auf einmal mein Gedanke auf: »Ich will nicht mehr trinken.« Bisher hatte ich immer gedacht: »Ich darf nicht mehr trinken.« Seit diesem Moment habe ich nie wieder zu trinken brauchen.

II Mein Weg ohne Alkohol

Ich wusste ohne Alkohol immer, was ich tat.
Aber trocken zu sein allein, machte mein Leben
noch nicht völlig lebenswert. Meine Ängste, die
Depression und Zwanghaftigkeit waren ja noch
da. Meine Selbstzerstörung kommt aus meiner
Birne – so viel wusste ich inzwischen. Seit ich
nüchtern geworden war, hatte ich begonnen
zu zittern. Wenn mich jemand beobachtete
und ich wollte einen guten Eindruck machen,
konnte ich weder Feuer geben, noch eine Kaffee-
tasse reichen, so sehr bebte ich. »Alle werden
denken, ich hätte wieder gesoffen und sei auf
Entzug«, befürchtete ich und behauptete, nicht
gesehen oder gehört zu haben, wenn ich um ent-
sprechende Gefälligkeiten gebeten wurde. Ich
lud auch niemanden ein, vor allem keine Frauen,
die mir gefielen, oder Kollegen und Chefs, vor
denen ich gut dastehen wollte. Die würden ja
erkennen, dass ich Alkoholiker bin, würden sich
von mir abwenden und ich wäre erledigt, war
mein Denken. Schließlich erzählte ich in der
AA-Gruppe davon: »Ich glaube, ich habe etwas
an den Nerven.« Dort kannten sie das Problem.

Einer sagte zu mir: »Wir gehen nachher zusammen Kaffee trinken und Suppe essen.« Er bestellte einen extra vollen Suppenteller und eine ebensolche Tasse Kaffee. Dann ließ er mich vor seinen Augen beide leeren und beobachtete, wie ich Tasse und Löffel zigmal zum Mund führte. Natürlich ging alles gut. Er meinte: »Du hast nichts mit den Nerven.« »Vor Dir habe ich auch keine Angst«, antwortete ich. Daraufhin schlich ich wochenlang mit zwei vollen Tassen durch meine Küche, um zu üben. Eines Tages rief bei der Arbeit ein Kollege: »Bring mir ´nen Kaffee mit!« Spontan stieß ich die Bitte aus: »Ich will nicht weglaufen, ganz egal, was passiert.« Tatsächlich kam ich mit zwei Tassen Kaffee heil durchs Büro. »Danke!«, entfuhr es mir; denn diese Erfahrung war mir wichtiger als alles andere. Sie zeigte mir erstmalig, dass mein Glaube stärker sein konnte als die Angst und dass ich Vertrauen haben soll, auch wenn ich erst später den tiefen Zugang zu Gott fand, der mich trotz meiner Zweifel nicht verließ. Wenig später besuchte ich einen Lehrgang, holte Kaffee und der Mitarbeiter auf dem Platz neben mir sagte: »So ruhige Hände wie Sie möchte ich auch haben!«

Auch meine Angst, vor Menschen zu sprechen, wurde mir erst im nüchternen Zustand richtig bewusst, weil ich immer mehr sein wollte, als ich tatsächlich bin, und mich unter Druck setzte, jenen

Eindruck auch zu erwecken. Ein Schlüsselerlebnis hatte ich mit Hiltrud. Sie war Leiterin eines Gymnasiums und kam von weit her nach Osnabrück zum AA-Meeting. Bevor sie trocken wurde, gab sie an ihrer Schule sogar Arbeitsgemeinschaften gegen Alkohol, brauchte aber selbst ein paar Pullen am Tag. »Damit niemand an der Schule etwas entdeckte, habe ich die leeren Flaschen im Auto gelagert und während der Fahrt eine nach der anderen aus dem Fenster geworden: plopp, plopp, plopp«, erzählte sie. Hiltrud kam mit Dr. Lechler in Kontakt, einem praktischen Arzt, der mehr der Seele als dem Körper dienen wollte und AA Deutschland wesentlich mitgestaltet hat. Durch sein Wirken gelang es ihr, trocken zu werden. Ich habe Hiltrud bewundert. Sie war offen und zufrieden nüchtern und sagte stets über sich: »Ich heiße Hiltrud, es geht mir gut.« Und zu mir, wenn ich mich wieder mal in meinen Wenns und Abers verfing:

»Mach nicht immer Tiefenpsychologie, sondern gönn Dir ab und zu einfach einen beschissenen Tag.«

Diese Mahnung hat mir oft geholfen. Eines Tages fragte sie mich: »Willst Du mit nach Dortmund? Dr. Lechler spricht dort. Der Vortrag ist für das gesamte AA Deutschland.« »Warum nicht?«, dachte ich. Zeit mit Hiltrud zu verbringen, verlockte mich ebenso wie das AA-Programm. Wir fuhren nach Dortmund. Es waren 5000 Menschen da. Als wir auf dem gut bewachten Parkplatz ankamen und die Autoschreibe runterdrehten, hörten wir, wie ein Polizist zum anderen sagte: »Das sind alles Säufer.« Der andere: »Du spinnst, dazu geht es hier viel zu diszipliniert zu.« Der erste wieder: »Aber ich sage Dir, das sind alles Säufer!« Drinnen sprach Dr. Lechler vor all den Menschen. Ich bewunderte, wie er vor diesem großen Publikum anonymer Alkoholiker stand und offenbar locker, aber ernsthaft verkündete: »Wenn man die Botschaft der Hoffnung weitergeben will, darf man diese nicht auswendig lernen, sonst kommt sie nicht von Herzen. Jeder sollte versuchen, seine Botschaft frei sprechen zu können.« Ich beugte mich zu Hiltrud: »Das ist genau mein Problem.« Hiltrud schlug vor: »Melde Dich!« Ich muss einen Blackout gehabt haben, dass ich tatsächlich meinen Finger hob. Dr. Lechler sah mich und rief: »Kommen Sie!«. Ich dachte: »Bin ich verrückt geworden?« Ich hatte noch nie solche Angst. »Wie überstehe ich den Weg nach vorne zur Bühne?« Meine Knie schlugen aneinander. In meiner Verzweiflung betete ich: »Herrgott, nimm mir die Angst! Lass mich Johan sein.« Ich sprach zehn Minuten. Von Sucht konnte ich ja gut erzählen.

Dr. Lechler klopfte mir anschließend auf die Schulter: »War gut.« Das genügte mir.

Dennoch waren die in meiner Branche üblichen Abendtermine mit Kunden für mich zur Tortur geworden. Die anderen tranken, ich nicht. Wie sollte ich das erklären? Alles war ich daher bereit zu tun, aber nicht mehr mit Kunden abends auszugehen. Mein Chef verstand mich nicht: »Alle tun dies gerne, die Firma bezahlt und Sie können doch gut mit Menschen umgehen!« Aber ich blieb dabei: »Dies ist nicht mehr mein Ding.« Manch einsame Frau war unter den Einkäuferinnen und fragte mich: »Wollen Sie mir nicht mal zeigen, wo Sie wohnen?« Wenn ich die brüskierte, zum Beispiel durch eine Abfuhr meinerseits, gingen Millionenaufträge flöten. Es war ein Weg wie auf der Rasierklinge, der mir erst richtig bewusst geworden war, seit ich nüchtern lebte.

Einmal betreute ich eine Gruppe aus Einkäuferinnen einer bekannten Modekette. Abends saßen wir zusammen beim Essen, ich gab Feuer – in Restaurants wurde noch geraucht – und am nächsten Tag wurde verhandelt. Da sagte die Chefeinkäuferin: »Ich werde heute nichts kaufen. Sie haben mich verärgert!« Ich dachte verwundert: »Was habe ich denn nun gemacht?« und sagte zu ihr: »Ich möchte mich verteidigen, was habe ich getan?« Sie antwortete: »Sie haben bei Frauen einen Hang zur Jugend.« Da hatte sie nicht ganz

Unrecht. Spätlese reizt mich nicht. Aber wie kam diese Frau darauf? »Sie haben uns gestern Feuer gegeben und bei der Jüngsten haben Sie angefangen. Ich bin wesentlich älter. Dies gehört sich nicht.« Ich dachte: »Mein Gott, bei Frauen muss ich auf Dinge aufpassen ...« Zu ihr gewandt, sagte ich entschuldigend: »Es tut mir wirklich leid. Ich danke Ihnen, dass ich durch Ihre Ehrlichkeit dazulernen darf. Können Sie mir noch einmal verzeihen?« Unsere Vertreter bekamen ja Provision und wurde nichts gekauft, beschwerten sie sich über mich, ich könne nicht mit den Kunden umgehen, die sie vermittelt hatten. Es war jedes Mal ein solcher Druck, der auf mir lastete, dass ich Magenschmerzen bekam. Früher gingen wir abends trinken und ich gab dem Preisdruck nach und machte niedrige Preise bzw. gab mehr gute Ware als vereinbart zu Lasten meiner Firma, damit die Kunden ruhig waren und ich der Gute. So erlangte ich ein positives Image und war beliebt. Aber jetzt wollte ich mich nicht mehr erpressen lassen. Gingen mir andererseits Großkunden durch die Lappen, würden die Chefs und Kollegen urteilen, ich sei unfähig. Früher habe ich diesen Druck mit Alkohol weggemacht, aber jetzt?

Ein anderes Mal ging ich mit einem Einkäufer und dessen Frau abends zum Essen – ein Ausgang, um den ich nicht herumkam. Er war ein hervorragender Mann für sein eigenes Unternehmen, hat uns dadurch aber große Verluste beschert. Zu diesem Essen bestellte er einen teuren Wein und fand darin Kork. »Probieren Sie mal«, forderte er mich auf. Ich erwiderte: »Nein, ich trinke keinen Alkohol mehr.« »Nun werden Sie nicht albern«, entgegnete er. Ich dachte: »Wenn ich jetzt sage, ich sei Alkoholiker, bin ich ganz erledigt.« Bei Zuckerkranken fragt ja keiner nach, aber Alkoholiker haben sofort ein Stigma. Also sagte ich: »Ich vertrage Alkohol nicht.« Er: »Stellen Sie sich nicht so an! Sie sollen nur probieren.« Ich blieb standhaft: »Nein, Herr Schmidt.« Mir standen schon die Nackenhaare hoch. Schließlich hatte ich, wie inzwischen für mich üblich, bereits gefragt, ob im Essen Alkohol sei.

Die zweite Flasche kam – wieder Kork. Früher hätte ich vor Angst nachgegeben. Der Ober kannte mich und dachte sicher, ich hätte einen besonderen Idioten mitgebracht. Solche Leute wollen manchmal auch bloß ihre Macht zeigen. Bei der dritten Flasche schwitzte ich so sehr, ich hätte ihm einen vor die Fresse hauen können. »Mit dem soll ich morgen Geschäfte machen!« Ich ließ einen inneren Hilferuf los; denn die Gefahr lauerte in mir: »Jetzt nehme ich einen, dann kann ich den Druck aushalten.« Doch ich habe nichts angerührt. Mir war klar: »Ich muss jetzt und hier etwas ändern!« Also sagte ich: »Sie sind ein knallharter Einkäufer, die ganze Branche hat Respekt vor Ihrer

Tüchtigkeit. Ich schätze Sie auch, Sie verstehen Ihr Fach. Solche gibt es wenige. Aber Sie geben so viel Druck, dass ich Ihnen schon gar nicht mehr den Finger gebe, weil Sie gleich die ganze Hand nehmen. Durch Ihre Härte schaden Sie sich selbst.« Er hörte ruhig zu und kaufte am nächsten Tag für 80.000 D-Mark und mäkelte nicht einmal am Preis herum. »Haben Sie etwas gemerkt?«, fragte er mich und fuhr fort, ohne meine Antwort abzuwarten: »ich habe nicht einmal den Preis diskutiert.«

Danach hatten wir ein so gutes Verhältnis, dass er mich sogar zu sich nachhause einlud und privateste Dinge von sich erzählte. Er sei streng katholisch erzogen worden, aber ab und zu gehe er ins Bordell, sonst denke seine Frau noch, er sei ein geiler Bock. Wieder einmal erkannte ich, wie viele Menschen mit ihren Trieben und Gefühlen schwere Probleme haben. Herr Schmidt drängte mich auch nie mehr, Alkohol zu trinken. Ich wiederum hatte keine Angst mehr vor ihm und erklärte, wenn wir geschäftlich verhandelten: »Den zweiten Finger gebe ich Ihnen noch, aber dann ist Schluss.« Und er willigte ein. »Was haben Sie mit diesem Mann gemacht? Alle haben Angst vor ihm, aber sie lädt er zu sich nachhause ein«, wunderten sich die Kollegen, doch dies blieb mein Geheimnis. Meine gesamten Kundenkontakte wurden einfacher ab dem Moment, als ich mit den Menschen

zu sprechen begann, statt Machtkämpfe auszu-
fechten.

Auch im Unternehmen erlebte ich, wie mein
Denken anders und mein Arbeitsleben leichter
wurden, seit ich ehrlich und ruhiger kommuni-
zierte. Früher war ich immer unter Spannung und
unausgeglichen. Mir wurde ein dynamischer, stu-
dierter Mitarbeiter zugeteilt, der gut redete, aber
mit Menschen nicht umgehen konnte. Es war das
Ende der Sommersaison und die übriggebliebenen
Sommerkleider mussten weg. Unser Chef gab eine
D-Mark Prämie pro Kleid. Ich verdiente manchmal
mehr durch Prämien als durch mein reguläres Gehalt. Doch ich blieb fair und verkaufte Geschäften
in kleinen Orten nur begrenzte Mengen, damit
nicht das ganze Dorf im gleichen Kleid rumliefe.
Meinem neuen Mitarbeiter erklärte ich: »Wir müssen bei der Sommerware jetzt schnell, das heißt
telefonisch handeln. Die Kunden kennen Sie noch
nicht. Lassen Sie mich die Geschäfte abwickeln
und Sie bekommen die Prämie trotzdem, wenn
Bestellungen aus Ihren Bezirken kommen.« Ich
telefonierte also mit einem Großkunden aus Süddeutschland. »Bei uns ist schönes Wetter, wir nehmen gerne noch hundert Sommerkleider. Ich schicke noch ein Fax«, versicherte man mir. Doch es
kam kein Fax. Dies konnte ich mir nicht erklären;
denn die Zusage war eindeutig gewesen. Zwei
Tage später stand ich in der Registratur und sah

dort ein Fax zu meinen Händen liegen: Bestellung über hundert Sommerkleider. Dies waren hundert D-Mark Prämie, damals viel Geld. Ich dachte in Richtung meines neuen Mitarbeiters: »Du Arschloch, Du hast Dir meine Prämie unter den Nagel gerissen und nichts gesagt.« Früher hätte ich dem Zunder gegeben, war ich selbst doch solch ein Gerechter! Doch jetzt beschloss ich, ihm eine Lektion zu erteilen, die er nicht vergessen würde.

Ich rief eine weitere gute Kundin aus seinem Bezirk an: »Ich brauche Ihre Hilfe. Wir haben noch Sommerkleider. Ich weiß, der Sommer geht zu Ende. Aber Sie täten mir einen großen Gefallen, wenn sie fünfzig oder hundert abnähmen. Wenn sie nicht gefallen, schicken Sie sie einfach zurück. Mehr kann ich Ihnen nicht erklären.« Meine Gesprächspartnerin willigte ein, der Auftrag kam und ich ging damit zu meinem jungen Kollegen: »Ich will Ihnen vermitteln, dass wir hier fair miteinander arbeiten. Nun habe ich einen Fisch an der Angel aus Ihrem Bezirk. Ich will Ihnen nichts wegnehmen – gehen Sie hin und lassen Sie sich die Prämie gutschreiben.« »Die will ich nicht haben.«, widersprach er mir, wohlwissend, dass er mich um hundert D-Mark beschissen hatte. »Warum nicht?«, fragte ich, »Sie geben sich doch Mühe.« Wir debattierten eine Viertelstunde, aber er wollte es nicht nehmen. »Machen wir Hälfte-Hälfte, Gentlemen's Agreement!«, schlug ich vor und dabei blieb es. Damals konnte ich kaum laufen, und dieser Kollege fragte ab diesem Zeitpunkt oft, ob er mir einen Kaffee mitbringen könne, und sah nach meiner Arbeit, wenn ich im Urlaub war. So sehr sich die anderen auch wunderten, ich habe keinem erzählt, was vorgefallen war. Früher hätte ich gedacht: »Mit einem solchen Scheißkerl soll ich zusammenarbeiten?!« Hätte ich ihn fertiggemacht wie früher, wäre gleich etwas getrübt gewesen zwischen uns. So wurde er zwar nicht mein Freund, aber mein Leben wurde einfacher. Ich kam jetzt mit solch schwierigen Gesellen zurecht und hatte Identität, statt mich zu verstellen. Mein Druck und meine Magenschmerzen verschwanden und ich begann, gerne zu arbeiten.

Sexualität war noch immer mein Problem. Andererseits hätte eine Frau mein Leben gar nicht mitgemacht. Zwei, drei Abende pro Woche war ich nun in Gruppen der Anonymen Alkoholiker und in Krankenhäusern für Suchtkranke unterwegs, um meine Erfahrung weiterzugeben. Das Telefon läutete manchmal zwanzig Mal am Tag und die Gespräche mit Suchtkranken, die erste Hilfe gegen das Trinken suchten oder sich in Not fühlten und einen Rettungsanker brauchten, um trocken zu bleiben, dauerten durchaus lange, unterbrechen konnte ich sie schon gar nicht. Es ging ja darum, Ruhe auszustrahlen, außerdem Vertrauen und einen Draht zueinander aufzubauen. Meine Telefonrechnungen stiegen enorm. Außerdem bewältigte ich einen Zehn-Stunden-Job und hatte zeitweise fünfzehn Mieter in alten Häusern. Alles ging zack, zack.

Ich war einer der Fahrer und holte die Interessierten aus dem gesamten Umland zur AA-Gruppe ab; denn die Neuen, die noch nicht trocken waren, fuhren in der Regel nicht Auto. So begleitete ich parallel zu meiner eigenen Heilung von Beginn an andere Alkoholabhängige und erlebte, wie viele aus ihrer Sucht herauskamen. Erst waren die meisten schlauer als alle anderen – so wie auch ich vor gar nicht langer Zeit – und kämpften ihren Kampf gegen sich selbst und andere. »Warum ist es so hässlich auf der Welt? Die oder der ärgert mich. Ich bin immer auf der Verliererseite«, ist für fast alle bequemer zu denken, als die eigenen negativen Gedanken und das mangelhafte Selbstwertgefühl zu beleuchten. Dennoch erkannten viele, dass sie Hilfe brauchten, die sie sich selbst noch nicht geben konnten, und gaben dies auch zu. In diesem Moment hatten sie sich geöffnet. Meine Botschaft war stets:

Du kannst jeden Tag Dein Leben verändern.

Sobald sie Bescheid wussten und auf der Spur waren, ließ ich sie laufen und hielt mich im Hintergrund, blieb aber ansprechbar. Es kamen immer Neue.

Als meine Freundin, die einzige, die ich jemals wirklich hatte, mich noch besuchte, war Eifersucht ein ständiges Thema. »Bei Dir rufen immer nur Frauen an«, beschwerte sie sich. Ich winkte ab: »Was Du immer hast? Wenn Du die sehen würdest, wärest Du nicht eifersüchtig. Glaubst Du, ich wäre so bekloppt zu sagen, die sollen anrufen, wenn Du hier bist? Du hast gar kein Vertrauen.« »Du erzählst immer was und bist doch nur an Deiner Person interessiert«, fuhr sie fort zu lamentieren. »Ach, mach, dass Du wegkommst«, hätte ich sie am liebsten abgewimmelt. Vielleicht hatte sie mit jenem Punkt sogar Recht; denn in den Bibelkreis, in dem ich sie kennengelernt hatte, bin ich nur gegangen, damit sie den Eindruck bekäme, ich sei fromm. Mein Interesse war aber, mit ihr etwas klarzumachen. Sexuell lief es damals bei mir noch einigermaßen. Sie war geschieden und ich dachte: »Vielleicht braucht sie Sicherheit«, und diese versprach ich ihr.

Eines Tages hüpfte sie plötzlich in mein Bett. Ich frohlockte: »Sie meint mich und will mich.« Aber schnell kam ihre Eifersucht zum Vorschein.

Außerdem stritt sie um banale Themen wie wo die Mülltonnen stehen sollten, und dies kam mir grotesk vor angesichts der Probleme, die mir über Suchtkranke angetragen wurden. Ich vermutete bei meiner Freundin die Angst, von mir weggeschickt zu werden, weil sie in sich schwach war und mit sich nicht zurechtkam in depressiven Phasen. Ich hatte auch einmal angedeutet, sie könne etwas in sich ändern. Doch dafür fühlte sie sich zu elitär, wollte sich nichts sagen lassen und lehnte kopfschüttelnd ab. Stattdessen war sie eines Tages aus meinem Leben verschwunden. Ich dachte in diesem Moment: »Jetzt ist es ganz vorbei.« Es war mir gerade etwas besser gegangen, ich war nüchtern und fand, alles sei in Ordnung. Plötzlich stand ich wieder allein da und in mir erwachten all die alten Zustände: »Ich bin auch nüchtern nichts wert. Ich kann mir Mühe geben, wie ich will, und habe doch keinen Erfolg. Ich bleibe abhängig von Menschen und deren Anerkennung.« Einsam fühlte ich mich und abgelehnt. Meine Angst vor Frauen erwachte von neuem.

Zwei Jahre lang fühlte ich mich leer und depressiv und kriegte nichts auf die Reihe. Ich schwankte zwischen: »Lass die Finger von ihr!« und: »Ruf doch nochmal an!« Wenn das Telefon klingelte, hoffte ich: »Na? Sie ist es! Jetzt begreift sie, dass ich es ehrlich gemeint habe.« Doch dies geschah nicht. Es meldeten sich immer andere Stimmen, wenn ich abnahm. Ich war doch noch nicht gläubig und wollte kämpfen um das, was meine Männlichkeit nicht bekam. »Die muss doch wieder anrufen!«, hämmerte es in meinem Kopf. Das größte Risiko für mich hatte während unserer Beziehung genau darin bestanden, dass sie abhaute und sich von mir löste. Denn nun war die Gefahr immens, dass ich einen Rückfall erleide.

Meine Tante Anna in Amerika lud mich ein, sie zu besuchen. Sie ahnte wohl, dass ich auf meinem neuen Weg ohne Alkohol noch unsicher und voller Ängste war. Auch sie war schon von mir belogen worden, und Amerika zu wagen, bedeutete eine große Herausforderung für mich. Tante Anna ermahnte mich: »Sei ehrlich! Wenn Dir etwas zu viel ist, dann sag es!« Denn dies ist wichtig:

»Sag nicht Ja, wenn Du Nein sagen musst!«

Ich erinnere mich noch an unseren ersten gemeinsamen Opernbesuch. Ich war noch nie in der Oper gewesen und dachte vorher: »Auch das noch!« Da trällerten zweieinhalb Stunden Figuren auf der Bühne herum und ich wand mich in meinem Sessel und fragte mich, wie ich das trocken aushalten solle, einfach bloß dazusitzen und zuzuhören. Neben mir saß ein Mann, der ergriffen lauschte. Er beugte sich in der Pause zu mir und fragte andächtig: »Sind Sie auch Opern-

Fan?« Er sei extra von der Westküste hergeflogen, um diese Aufführung zu sehen. »Wenn ich nun sagte: »Ich würde am liebsten rauslaufen«, dann verstünde er die Welt nicht mehr«, dachte ich und nickte scheu. Später sagte ich zu meiner Tante: »Lad' mich nicht noch mal in die Oper ein, dafür bin ich noch nicht reif.« Mir fehlte die innere Ruhe, mich auf etwas so Fremdes, Neues und, wie ich fand, Nerventötendes einzulassen. Und Tante Anna ließ mir Zeit.

Aber langfristig hat sie mir die Tür geöffnet in eine schöne Welt. Später mit Carmen besuchte ich mehrfach die Metropolitan Opera und Carnegie Hall, außerdem verschiedene Gesellschaften mit meiner Tante und wir reisten gemeinsam, und bald hatte ich Gefallen an dieser für mich neuen Welt gefunden. Auch anderen Menschen gegenüber besaß Tante Anna eine soziale Seite. Sie ging jede Woche in ein Blindenheim und zeigte und erklärte diesen Menschen etwas über das Leben, indem sie sie nach draußen in Parks und Geschäftsstraßen führte. Zu mir sagte sie: »Ich will Dir zeigen, dass man mit Geld auch etwas Schönes tun kann. Aber entscheidend ist der Umgang mit Menschen.« »Etwas Schöneres, als Lokalrunden in Wirtshäusern zu spendieren«, dachte ich, »meine Tante tut mir so viel Gutes – vielleicht habe ich mich doch etwas verändert.« Als sie mir schließlich zugestand: »Now you have credit« (Ich glaube

Dir wieder, dass Du nicht mehr lügst), tat es mir gut. Sie merkte, dass ich versuchte, mich zu bessern.

In den AA-Gruppen habe ich viele Menschen kennengelernt, die ihr Leben, das andere von außen schon aufgegeben hatten, wieder belebten und gut darin waren. Besonders beeindruckt hat mich ein Amerikaner in New York, der aussah wie Mike Tyson und den ich kennenlernte, als ich meine blinde Tante Agnes besuchte und auch an Treffen der AA teilnahm: in Haarlem großgeworden, die Mutter Alkoholikerin, der Vater abwesend, er selbst kräftig gebaut und stets in Schlägereien verwickelt. Wenn er getrunken hatte, sei er voller Wut auf die Welt gewesen und habe beim kleinsten Hauch zugeschlagen, auch auf Polizisten, erzählte er. Nachdem er schließlich im Gefängnis gelandet war, sei er zum Glauben gekommen. »Über die Erfahrung mit dem barmherzigen Samariter«, erklärte er. »Der Pastor kam und sagte, er werde für mich beten. Dann kam ein Lehrer, der anbot, mir kluge Bücher zu kaufen, damit ich schwimmen lerne und nicht mehr absaufe. Schließlich kam ein Mitglied der Anonymen Alkoholiker und erklärte mir: »Du bist krank. Wenn Du gesund werden willst, hole ich Dich ab, wenn Du rauskommst. Zum Meeting. Ich hole Dich ab!« Ich stimmte zu. Er stand wirklich da, als ich rauskam und nahm mich gleich mit zu seiner Gruppe. Dort erkannte ich, was mit mir los gewesen war, und wurde Schritt für Schritt gesund und trocken. Dieser Mann tat etwas für mich, ohne dafür etwas zu wollen. Das hat mich so beeindruckt. Und jetzt passe ich auf Dich auf, wenn Du in New York bist.« Mit diesen Worten bot sich dieser innerlich und äußerlich muskulöse Mann, dessen Leben so hoffnungslos schien und der schließlich doch die Kurve bekam, mir als Bodyguard an. Meine blinde Tante Agnes wähnte, ich müsse sehr hilfebedürftig aussehen, dass Fremde mir Unterstützung anböten. Doch Tante Anna erwiderte, da brauche sie keine Angst zu haben, ich käme schon zurecht. Ich erkannte: »Ich muss etwas tun und nicht denken, dass ich alles umsonst bekomme.« Und dies bedeutet sowohl, den Hintern hochzukriegen und Konfliktsituationen auszuhalten, als auch Hilfe anzunehmen, wenn sie angeboten wird.

Über meine Tante Anna kam ich in Kontakt mit meinem blinden Onkel in Südafrika, dem ehemaligen Zeppelinpiloten, und besuchte ihn. Südafrika war damals ein so puritanisches Land, dass ich mit meinem Stern-Magazin, das auf dem Titelbild eine barbusige Frau abbildete, bei der Einreise nicht durch die Sicherheitskontrolle gelassen wurde. »Pornographie«, hieß es und ich musste das Magazin entsorgen. Eines Tages lag ich am Pool der Hotelanlage, als mein Blick auf eine gutaussehende, fremdländische Frau fiel. Sie guckte ebenfalls zu mir. Ich schaute erneut und sie hielt meinem Blick stand. Dann legte sie sich auf die Liege neben meiner. Ich dachte: »Was hat die denn vor?« Schließlich war ich in Badehose kein Schwarzenegger. »Hat sie einen Vaterkomplex oder meint sie, ich hätte Geld?« Sie guckte wieder und ging dann zum Pool. Ich wollte herausfinden, was es mit ihrem Verhalten auf sich hatte. Früher wäre ich nicht so mutig gewesen, aber jetzt folgte ich ihr nach einigen Momenten. Ich sprach sie an und sie erwiderte: »Sie sind nicht von hier!« »Nein, aus Deutschland. Woher wissen Sie das?«, fragte ich. »In diesem keuschen Land halten alle ihren Blick gesenkt. Sie nicht!« Ich merkte während unseres Gesprächs, dass ich mit ihr würde ausgehen können. Aber ich hatte meinem Onkel eine Verabredung in seinem Blindenheim zugesagt. Ich wusste: »Ich muss mich jetzt entscheiden.« Früher, als ich stets nach dem Bock-Prinzip lebte, hätte ich auf meine Zusage geschissen. Als ich wenig später im Bus saß, sagte ich zu mir selbst: »Du bist bekloppt. Du bist nicht mehr der Jüngste und hättest mit der schönen Frau aus Südamerika zusammen sein können, stattdessen fährst Du in ein Blindenheim.«

Als ich dort ankam, hatten die Bewohner alles vorbereitet für meinen Besuch. Mein Onkel dolmetschte, alle hatten gute Stimmung und lachten, keiner klagte oder stöhnte. Ich sah, wie ein Blinder auf Zuruf eines Sehenden ein Auto in die Garage einparkte: »Keep left. Keep right.« Zack, war der drin. »Was haben die für ein Vertrauen!«, dachte ich beeindruckt, »und ich rege mich über ein verpasstes Date auf!« Abends luden die Blinden mich zum Essen ein; ich war der einzige Sehende. Eine Frau, die blind geboren war, kündigte an, für mich ein Lied zu spielen, denn Besuch aus Deutschland hätten sie noch nie gehabt. Sie spielte am Flügel »Auf Wiedersehen«. Mir kamen die Tränen und weil es keiner sah, fand ich, ich könne ruhig ein bisschen weinen. Später schaute ich draußen in den Himmel, faltete spontan die Hände und betete: »Gott, Du hast mir heute eine wunderbare Lektion erteilt. Ich habe von den Blinden gelernt:

Nimm Dein Los an, sonst bist Du Dein ganzes Leben arm dran.

Gott sei Dank, bin ich nicht mit der Frau ausgegangen, sonst hätte ich wieder mit meiner Sexualität Schwierigkeiten bekommen, sie hätte mich abgewimmelt, und ich hätte wieder schmerzhafte Gefühle gehabt. So aber ist aus einem scheinbaren Verzicht eines meiner größten Erlebnisse geworden. Wenn ich nicht immer nur tue, was für mich vorteilhaft scheint, sondern meine Gier besiege, werde ich am Ende reich beschenkt.«

Durch Verzicht wird man reicher.

Zuhause lernte ich den Arzt Dr. Hassfeld kennen, der mich mit seinem praktizierten Christentum beeindruckte. Neben seiner Tätigkeit als Allgemeinmediziner arbeitete er mit Suchtkranken und HIV-Infizierten, ohne dafür Geld zu bekommen. Damals gab es die heutigen Therapieangebote gar nicht. Man kam als Süchtiger ins Landeskrankenhaus, sobald man nicht mehr allein zurechtkam. Dieser Doktor aber kam sogar mit zu einem Treffen der Anonymen Alkoholiker und erklärte uns: »Ihr seid Euer Problem. Behandelt nicht immer nur den Alkohol oder die dicke Leber oder das Aufhören oder die Abstinenz, sondern die Psyche, die Seele!« Viele seiner Patienten ließ er erkennen, dass sie ein Problem mit sich selbst haben und nicht der Stoff ihr Problem ist. »Ich glaube, Sie könnten ein Alkoholproblem haben«, deutete er ihnen an und informierte sie über die Arbeit der Anonymen Alkoholiker. So wie die Betroffenen ihr Problem nicht verstanden, verstanden auch deren Angehörige meist nicht, was Alkoholismus ist, nämlich dass der Betroffene Ängste hat und deswegen trinkt. Vom Umfeld nicht verstanden zu werden, erschwert die Situation der Suchtkranken.

Doktor Hassfeld wurde später Chefarzt einer großen Klinik in Süddeutschland. Ich kam durch ihn zum Christentum und neben meinem Bruder, meiner Mutter und meiner Tante Anna wurde er zum wichtigsten Menschen in meinem Leben. Durch ihn bekam auch unsere AA-Gruppe Zulauf. Als tiefgläubiger Christ ermahnte er mich: »Guck, wie Jesus gelebt hat, dann weißt Du, wie Gott ist. Du gehst noch an Deinen Schuldgefühlen kaputt. Jesus ist auch für Dich gestorben und nimmt Dir Deine Schuld. Du musst dazu aber vor all Deinen Emotionen kapitulieren und Jesus Dein Leben übergeben. Du musst erkennen, Du kannst es nicht allein und Du brauchst Deine geistige Gesundheit. Sonst erzählst Du wie ein Fundamentalist die Regeln von AA, aber stehst nicht dahinter.« Dieser Mann beeindruckte mich, auch wenn ich seine Worte anfangs weder verstand noch umsetzen konnte.

Aber wir blieben in Verbindung und ich beobachtete ihn in seinem Tun. Er nahm einen drogensüchtigen Jungen bei sich auf, um ihm ein soziales Umfeld in der Familie zu bieten, damit er heilen konnte. Auch seine Frau, eine Psychologin, kümmerte sich zusammen mit ihm um Menschen, ohne finanziellen Vorteil davon zu haben. Sie gaben Liebe ohne Forderung – so etwas kannte ich bisher nicht. Durch diese Menschen begriff ich: Glaube ist das Leben. Dieser Arzt war ein ganz anderer Mensch als die Verbalartisten, die ich sonst kannte. Statt großspuriger Angebereien zeigte er mir, wie man mit sich und der Angst fertig wird. Er war auch kein Spinner, der Halleluja sang und dafür von Jesus etwas erwartete – ein Suchtkranker erwartet vor allem sofortige Befriedigung –, sondern ich lernte:

Wenn ich um Kraft bitte, bekomme ich Anstrengung, damit ich meine Muskeln trainiere, auch im seelischen Bereich. Die Tugenden kommen nicht zum Nulltarif.

Allmählich spürte ich, wie es mir besser ging, und ich wurde die Angst leichter los, wenn ich aufhörte, ein toller Hecht sein zu wollen und nicht mehr weglief, sondern mich stellte und Kraft entwickelte. Jetzt hatte ich nicht nur kapituliert vor der Alkoholsucht, sondern war dabei, innerlich neu zu werden.

Weil meine Tante Anna ins Heim ziehen musste, wurde ihre Wohnung frei. Ich beschloss, andere Brüder von AA mitzunehmen, die in ähnlicher Lage waren wie ich. New York war für viele Ziel, Herausforderung und Erfüllung in einem. Damit tat ich allen gut, denn auch meine blinde Tante Agnes und ihre kränkelnde, arbeitssüchtige Schwester

Frieda freuten sich über Gesellschaft und frische Atmosphäre. Frieda ging mit fünfundsiebzig Lebensjahren sogar noch zur Columbia University, so sehr suchte sie nach Antworten auf ihre Fragen an das Leben. Beide verfolgten noch bis zu ihrem fünfundachtzigsten Lebensjahr die Börsenkurse und investierten ihr Geld entsprechend. Meine Tante Agnes streichelte ich manchmal am Arm; sie wusste, dass niemand außer mir in unserer Familie dies tun würde und sagte dann immer: »Johan, das bist Du.« Zum Dank bereitete sie für mich Rouladen und erzählte dabei von ihrer Kindheit in Deutschland. Mit meinen Besuchen brachte ich Ruhe und Humor in die angespannte Stimmung ihres Lebensumfeldes; denn zwischen meinen strengen, gottlosen Tanten und ihren gläubigen, afroamerikanischen Hausangestellten schwelte zusätzlich zum inneren mancher äußere Konflikt.

Nach dem Tod unserer Eltern hatte ich einen Urlaub mit meinem Bruder verbracht, der mir immer noch fremd und unbekannt war. Dort in Jugoslawien hatten wir zusammen an einem Abend zwei Flaschen Whisky geleert. Am nächsten Tag begrüßte uns der Barmann mit den Worten: »Oh, Sie leben noch!« Da habe ich gemerkt: »Mein Bruder trinkt noch härter als ich.« Er hatte, wie ich herausfand, ebenfalls ein Problem mit Nähe und verschaffte sich Distanz, indem er rastlos durchs

Leben flüchtete. Erst jetzt wurde mir klar, warum er damals wollte, dass ich mich um unser Erbe kümmere: Offenbar fühlte er sich ebenfalls nicht recht in der Lage dazu oder sah sich in Gefahr, Geld für Alkoholabstürze beiseite zu schaffen. Als ich schließlich nüchtern geworden war, fragte er mich immer wieder: »Was macht Deine Sucht?« Ich antwortete: »Ich komme weiter.« Oft rief er mich nun sonntags an und bei einem solchen Gespräch gestand er: »Ich bin auch suchtkrank.« Ab diesem Zeitpunkt teilten wir Freud und Leid. Freundschaft zu haben, sein Vertrauen, die gemeinsamen Urlaube, dass er mich unterstützte im Praktischen, worin ich eine Null bin, erzeugten ein gutes Gefühl. Wenn ich wegen meiner Operationen im Krankenhaus lag, rief er mich jeden Tag an. Ich hingegen hatte die Gnade, ihm vorzuleben, dass ich ohne Alkohol zurechtkam und glücklich wurde, und offenbar erschien ihm dies vernünftiger als sein Leben als Workaholic, das er gemäß unserer Familientradition lebte.

Ohne eine Kur gelang es meinem Bruder, mit dem Trinken aufzuhören. Auch er ging zu den Anonymen Alkoholikern. Als er bereits lange trocken war, bekam er die Diagnose »Hodenkrebs« und ein Hoden wurde ihm entfernt. Doktor Hassfeld erklärte mir, dass gerade bei Krebs oft falsche Diagnosen gestellt würden, und riet uns, die Gewebeprobe in ein weiteres Labor schicken zu lassen. Mein Bruder folgte diesem Rat und erfuhr, dass er gar keinen Krebs gehabt hatte. »Dafür haben sie ihn beinahe kastriert«, dachte ich. Er aber blieb ruhig und meinte: »Gottes Wille geschehe.« Unsere, wenn auch unterschiedlich beeinträchtigte Potenz brachte uns noch näher zusammen, und ich bin nie wieder einem Menschen so nah gewesen wie ihm nach seiner OP. Er sagte: »Johan, lass uns etwas anders machen, damit wir Frieden behalten.« Er ging zur AA-Gruppe seines Wohnorts und wurde ein zufriedener, ausgeglichener Mann. Nachdem er später in unsere Heimat zurückgekehrt war, verrichtete er Gartenarbeit, verbrachte viel Zeit in der Natur und fand noch mehr zu sich als zuvor.

Tante Anna wurde kränker und mein Bruder und ich kümmerten uns gemeinsam um sie und ihre Schwestern. Über zwei Jahre habe ich sie, wenn ich in New York war, wochenlang jeden Tag in der Klinik besucht und ihr das Essen zum Mund geführt, als sie es selbst nicht mehr konnte, habe sie teilweise in die Notaufnahme begleitet, obwohl ich kaum laufen konnte und auch meine Angst überwinden musste, durch das nächtliche New York in der Ambulanz mitzurasen. Doch »Lächeln heißt, sich selbst um anderer willen vergessen«, habe ich bei Nonnen im Krankenhaus gelesen. Nachdem meine Tante Anna schließlich verstorben war, erfuhr ich, dass sie mir ein beträchtliches

Vermögen vererbt hatte. Ich wusste nun: »Sie hat meine Veränderung zum Positiven erkannt und mir vertraut« und dies war mehr wert als das Geld, das mir nun zur Verfügung stand. Ich nahm mir vor, die Mittel in ihrem Sinne, also zum Dienst an Menschen einzusetzen.

Sexualität war aber noch immer mein Problem. Mein Freund, Doktor Hassfeld, hatte mich gewarnt: »Frauen aus der Szene der Süchtigen stürzen sich auf Dich. Du hast es im Griff und sie noch nicht. Du strahlst das aus, was sie erreichen wollen.« Und er hatte Recht. Ich bekam manchmal Angebote, die an Eindeutigkeit und Bereitschaft nicht zu übertreffen waren. Seine Warnung behielt ich stets im Kopf, um nicht, wenn eine schwach war und ich scheinbar stark, diese Frauen auszunutzen. Früher habe ich meine sexuellen Defizite gelöst, indem ich für osteuropäische Frauen ein Stück westliche Freiheit darstellte. Sie nahmen dafür sogar meine teilweise Impotenz in Kauf. Währenddessen schaute ich darauf, dass ich für mich etwas kriegen konnte. Doch jetzt wollte ich keine Frauen benutzen, die ohnehin Probleme hatten. Eine Suchtkranke würde nicht verkraften, wenn ich sie erst an mich ranließe und sie dann wegschickte. »Die knallt sich dann einen und ich bin schuld«, war meine Befürchtung, die mich Abstand halten ließ.

Eine solche sehr junge Frau klagte: »Ich bin in

meiner Ehe so einsam« und tanzte mit mir, dass ich alle Kraft aufbieten musste, ihr zu widerstehen. Lange brannte diese Anziehung zwischen uns. Schließlich erklärte ich ihr: »Du bist mir nicht wie eine Schwester. Du bist verheiratet, wir können Kontakt haben, aber nie mehr allein. Du hast einen guten Mann und bist nichts für mich.« Sobald ich die Worte ausgesprochen hatte, war der Druck weg, auch bei ihr. Natürlich konnte ich solch einsamen Frauen etwas ausmalen, dass sie sich wer weiß was von mir versprachen. Es war nicht einfach für mich, Frauen, die nicht Prostituierte waren, sondern normal im Leben standen und meiner Kultur angehörten, so zahlreich nahe zu sein und nicht zuzugreifen. Aber ich merkte, ich musste vorsichtig sein, um Suchtkranke nicht zu enttäuschen. Schließlich war meine Mission das Gegenteil.

Mit der Zeit bemerkte ich, ich hatte innerlich die Tür zu meiner Freundin nicht geschlossen, auf deren Anruf ich noch immer hoffte. Ich litt und es schien kein Ende in Sicht. Endlich war ich bereit, meinen Hochmut aufzugeben, und bin in meiner Verzweiflung auf die Knie gefallen. Ich lag bei mir zuhause auf dem Boden und bat Jesus mit innerer Stimme: »Wer immer Du bist, Jesus, ich möchte Ruhe haben, ich kann nicht mehr. Hier hast Du mich, brich mein Ego, ich will nichts mehr, verfüge über mich, ich übergebe Dir mein Leben. Ich verstehe Deinen Willen nicht und warum mein Leben so ist, wie es ist, aber gib mir die Kraft, die Situation auszuhalten, wie sie sich auch entwickelt. Ich habe Vertrauen.« Die folgende Nacht konnte ich endlich wieder schlafen und seitdem ist es so geblieben; meine Angst vor Niederlagen trieb mich nicht mehr selbstzerstörerisch die ganze Nacht um. Ich suchte mir Pastoren, deren Botschaften ich verstehen konnte und die auch lebten, was sie sagten.« So kam ich zum Glauben, dem zweiten Schritt der Anonymen Alkoholiker. Durch den zweiten Schritt von AA habe ich meiner Angst ins Auge blicken und mit einem Gebet mich jeder Sache stellen können, ohne Kontrolle über deren Ausgang zu haben: »Nur etwas, das größer ist als Du, kann Dir Deine geistige Gesundheit geben«.

III Mein Weg mit Gott

Trocken zu werden und zu bleiben, ist nur der erste Schritt. Danach geht es darum zu erkennen, dass das Leben schön ist und gelebt werden kann und will, statt darin nur zu überleben. Früher meinte ich, ich müsse meinen Gefühlen den Befehl geben, zum Beispiel fröhlich zu sein – notfalls mit Alkohol. Jetzt begriff ich, dass ich Demut brauchte, um mich als einen Menschen mit vielen Schwächen anzunehmen. Und ich durfte anerkennen, dass ich Hilfe brauchte, auch göttliche Hilfe. Im Glauben lag meine einzige Chance, diese Erkenntnisse zu verinnerlichen und mit ihnen umzugehen.

Dass ich in meinem Umfeld beobachten konnte, wie wahres Christentum praktiziert wird, bestärkte mich. Ein AA-Freund von mir lebte auf der Straße, bevor wir uns kennenlernten. Er hatte von seinem Dasein als Beamter, lange vor der Pensionierung, die Schnauze voll und wollte frei sein. Also schmiss er alles hin, er spielte und trank, war jedoch immer noch recht ordentlich, wenn auch innerlich unruhig und auf der Flucht. Zu einem Weihnachtsfest bettele er in einem Blumenladen in Süddeutschland. Er hatte noch keine Ahnung, wo er den Heiligabend verbringen würde. Ich war selbst mal Heiligabend alleine und dachte mir hinterher: »Das mache ich nie wieder. Lieber fahre ich in die USA, als hier alleine zu sitzen.« Der Inhaber sagte ihm: »Geld bekommen sie keines. Aber ich lade Sie heute zu uns nachhause ein. Ich muss nur erst meine Frau fragen. Kommen Sie heute Nachmittag nochmal in den Laden.« Mein späterer Freund konnte es nicht glauben; normalerweise wollten alle ihn, einen Obdachlosen, loswerden. Tatsächlich ging mein Freund wieder in den Laden und der Inhaber verkündete: »Meine Frau ist einverstanden. Es gibt nur ein Problem: Wir haben ein Haus in der Schweiz und fahren heute dorthin.« Mein Freund dachte, das könne nicht wahr sein. »Wir nehmen Sie mit, denn Sie brauchen etwas für die Seele, kein Geld.« Dass er sich traute mitzufahren, bewundert mein Freund noch heute an sich. Und dass die Ladeninhaber ihn mitnahmen, bewundert er an ihnen: »Sie sind wahre praktizierende Christen.« Am Weihnachtsfest in der Schweiz sagten Sie zu ihm: »Wir wollen schauen, dass wir eine Diakonie finden, die sich um Sie kümmert.« Und tatsächlich fanden sie diese über christliche Freunde, jedoch nicht in der Schweiz, sondern in Norddeutschland. Sie kauften ihm eine Fahrkarte und brachten ihn zum Zug, sobald es ein freies Zimmer gab, das er beziehen konnte. Mein Freund erfuhr zum ersten Mal in seinem Leben, dass Menschen echte

Hilfe anbieten. Er hatte schon Zweifel gehabt, welche Hintergedanken die haben mochten, ihn in die Schweiz zu entführen, doch diese Zweifel erwiesen sich als unberechtigt. Innerlich ging es ihm noch nicht gut. Aber er war zeitweise trocken und kam mit den Anonymen Alkoholikern in Kontakt. Darüber lernten wir uns kennen. Dieser Mann konnte mir mehr erzählen als jemand, der mir von seltenen Schildkröten berichtet, die er auf seiner letzten Fernreise sah, oder der findet, der Hummer in Florida sei schmackhafter als der Hummer aus dem Mittelmeer. Mein Freund begann als Fahrer in der Diakonie zu arbeiten und verrichtete andere soziale Tätigkeiten, für die er gebraucht und geschätzt wurde. Er trat sogar in den Gesangverein ein, was ihm große Freude bereitete. Bald bekam er eine Sozial- und später sogar eine eigene Wohnung. »Es geht mir gut. Ich darf nur nicht in Selbstmitleid verfallen und denken, die anderen seien alle besser als ich«, erklärte er mir. Und darin stimme ich ihm aus eigener Erfahrung voll zu.

Ich hatte mit einem Mal einen Draht zu Menschen, empfand Dankbarkeit, dass ich clean war, und wenn ich sah, wie im Landeskrankenhaus Menschen mit dem Tode kämpften, dachte ich mitfühlend: »Ihr Armen!« Die Therapeuten fragten mich oft: »Was machen Sie mit den Leuten, dass die sich auf einmal verändern?« Tatsächlich bauten Menschen immer mehr Vertrauen zu mir auf – Suchtkranke, aber auch Nicht-Suchtkranke. Und ich kam mit mir und den Menschen zurecht. Aber dies war nicht mein Verdienst, sondern ich folgte einem Gesetz des Lebens. Das Tote Meer hat keinen Zu- und Abfluss und wird immer salziger und lebensfeindlicher. Der See Genezareth hingegen nimmt auf und gibt weiter und hat lebenspendendes Wasser. Also gilt:

Je mehr Du weitergibst, desto mehr bekommst Du im Nachhinein.

Gleichzeitig sagten mir die regulären Ärzte im Landeskrankenhaus Sätze wie diesen: »Ich habe heute so viele schlimme Fälle gehabt – heute Abend werde ich mir einen genehmigen.« Ich dachte: »Du bist ja ein Therapeut!« Die waren zwar keine Alkoholiker, aber doch ein fragwürdiges Vorbild, und es wundere mich nicht, dass solche Ärzte die Suchtkranken nicht erreichten.

Meine Beine waren, wie man mir angekündigt hatte, beinahe funktionslos geworden. Mir drohte mit knapp fünfzig Lebensjahren der ebenfalls angekündigte Rollstuhl. Eines Tages fuhr ich im Auto durch meine Heimatstadt, da hupte es aus dem Auto hinter mir. Im Rückspiegel sah ich ein Frankfurter Kennzeichen. Es hupte weiter, das Auto folgte mir. Ich schaute erneut. Der Fahrer schien Reinhold zu sein, der in der Schule eine

Klasse unter mir war. Bei der nächsten Gelegenheit fuhr ich rechts auf einen Parkplatz. Der Wagen hinter mir hielt und tatsächlich stieg Reinhold aus mit einer Frau, seiner Frau, wie ich gleich erfuhr. Wir begrüßten uns, jedoch nicht lange, da sagte er schon: »Kerl, Du kannst ja kaum laufen!« »Ja, ich sitze bald im Rollstuhl«, antwortete ich. »Du musst was machen, Du musst operiert werden«, fuhr er fort. »Ich war in Unikliniken, die Ärzte haben mich abgelehnt«, winkte ich ab, »es ist zu spät.« Und nach einer Pause: »Bist Du Arzt?« »Nein, ich verkaufe medizinische Geräte. Aber ich habe letztes Jahr einem jungen Orthopäden in Frankfurt die Praxis eingerichtet. Dem laufen sie die Bude ein. Dort solltest Du Dich vorstellen!«, entgegnete er und seine Frau bekräftigte: »Kommen Sie uns besuchen. Sie können bei uns übernachten und dann fährt mein Mann mit Ihnen gemeinsam in die Praxis in Frankfurt!«, bevor wir in unterschiedliche Richtungen weiterfuhren.

Kurze Zeit später machte ich mich auf den Weg, quälte mich in die Bahn und wurde am Frankfurter Hauptbahnhof, wie versprochen, von meinen Frankfurter Freunden abgeholt. Sie beherbergten mich und brachten mich am nächsten Morgen in die Klinik, wo ich sofort geröntgt und untersucht wurde. Der Arzt, ein dynamischer Mann, sagte: »Sie kommen wohl vom Mond? Sie hätten mit zwei Jahren operiert werden müssen!« »Nein, aber wissen Sie, es war Krieg und mein Vater in Gefangenschaft und meine Mutter arbeitete nur und man wusste auch von nichts ... vom Professor im Uniklinikum Münster bin ich abgelehnt worden, das Risiko sei groß und er könne keine Garantie geben«, erwiderte ich entschuldigend. »Wenn ich Prof. Willert von der Uniklinik Frankfurt das erzähle, will er Sie sehen. Die beiden sind Rivalen darüber, wer der bessere Arzt sei.« Ich schöpfte Hoffnung. »Ich kontaktiere den Professor, aber Sie müssen sich bereithalten, wenn er Sie sehen will und einen Termin frei hat,« mahnte mich der Orthopäde.

Einige Wochen nach diesem Termin erhielt ich einen Anruf: Ich solle mich in der Frankfurter Uniklinik vorstellen. »Gibt es tatsächlich eine Chance für mich? Oder wird auch dieser Professor sagen, dass es für meine Klumpfüße viel zu spät sei und auf mich nur noch der Rollstuhl warte?« Trocken bekam ich die Tragweite dieser Frage bis ins Mark mit. »Wie werde ich es aushalten, mein Leben im Rollstuhl zu verbringen, ohne Alkohol, der meinen Kopf vergessen lässt und meine Gefühle abschaltet?« Wieder fuhr ich nach Frankfurt. Wieder wurde ich geröntgt und untersucht. Der Professor betrachtete lange schweigend die Röntgenbilder meiner missgebildeten Füße. Ich betete. Es war totenstill im Besprechungszimmer. Ich ahnte schon, dass er sich gleich der Meinung seines Münsteraner Rivalen würde anschließen müssen. »Ich kann sie operieren. Sie werden drei Monate hierbleiben und dann sechs Monate zuhause mit Haushaltshilfe leben, es sei denn, Sie wollen die Füße mit Abstand operieren lassen, dann dauert es ein Jahr. Können Sie das organisieren?«, hörte ich. »Ja«, rief ich – ich hätte in diesem Moment alles organisieren können! »Was werde ich danach können?«, fragte ich nach einer Weile vorsichtig. »Ich garantiere, dass Sie nicht in den Rollstuhl kommen. Sie können wieder laufen.« Ich lief ja immer noch auf den Außenkanten, die beim Gehen aufplatzten und über Nacht nur unvollständig verheilten, so dass ich täglich mit Schmerzen lebte. Mein Arbeitgeber würde akzeptieren, dass ich so lange fehlte. Ich arbeitete ja schon 25 Jahre dort. Aber würde ich mir den Aufenthalt in der Privatklinik leisten können? Ich war zwar nicht arm, aber kannte deren Honorare. »Machen Sie sich wegen des Geldes keine Gedanken«, beruhigte mich der Professor. »Aber da ist noch etwas«, sagte ich, »ich bin suchtkrank. Werde ich nach der OP ohne Schmerzmittel auskommen? »Sie sind suchtkrank?«, fragt er zurück. »Alkohol. Trocken«, antworte ich. »Sie werden später nichts brauchen«, versicherte er mir.

Bevor die Fußoperationen stattfinden konnten, mussten meine stets offenen Füße verheilen. Nur bekamen die Ärzte, die ich dafür an und um meinen Wohnort konsultierte, genau dies nicht hin. Schon sah ich meine Hoffnung schwinden, dem Rollstuhl zu entkommen: »Was nützt mir der hervorragende Professor in Frankfurt, wenn ich selbst nicht die Voraussetzungen für die Operationen schaffen kann?« Einer meiner zahlreichen Kontakte empfahl mir: »Fahr nach Rumänien; dort am Schwarzen Meer können die das, dort wird es heilen.« Ich fuhr also nach Rumänien, da mir gar nichts anderes übrigblieb. Eine dunkelhäutige Ärztin fragte mich mit streng gerolltem R: »Haben Sie Schmerzen?« Ich antwortete vorsichtig: »Im Moment nicht.« Der vor Ort bekannte Professor Belou wurde auf mich angesetzt. Ich musste jeden Tag aufwendige Umschläge für die Füße bekommen und wurde vorher und hinterher gründlich untersucht. Die dachten wohl, ich sei eine ganz wichtige Person, weil ich extra dafür nach Rumänien fuhr. Und wie etwa ein Bundesliga-Spieler fühlte ich mich auch; denn solch eine Behandlung hatte ich in meinem ganzen Leben noch nicht erhalten. Nach vierzehn Tagen waren tatsächlich meine Füße heil und ich konnte ohne Schmerzen auftreten. Ich wollte mich bedanken, indem ich meine Ärztin bei einem Klinikfest zum Tanzen aufforderte und ihr großes Lob aussprach. Doch sie bedeutete mir, dass solcher Kontakt zu westlichen Patienten den Ärzten streng verboten war. Also schrieb ich mein Lob stattdessen ins Gästebuch, beugte mich dem

Regime von Ceaușescu. Der Eintrag wurde eingesehen und herumgereicht. Plötzlich wehte ein anderer Wind und ohne Widerstände durfte ich mit Helena, der Ärztin, ausgehen. Aus Deutschland schickte ich ihr als Dank später hochwertige Berufskleidung, von der ich wusste, dass sie sie in Rumänien nicht bekam.

Die erste Operation in Frankfurt dauerte zwölf Stunden. Als ich klappernd aufwachte, erfuhr ich, wie kompliziert es gewesen war und dass ich beinahe hops gegangen wäre. Die zweite OP verlief ohne Komplikation. Meine Hoffnung, gesund zu werden, war größer als meine Angst zu sterben. Was der Glaube und die Not vermitteln können! Vor den neun Monaten, die ich ans Krankenbett gefesselt sein würde, graute mir jedoch. Nicht weil ich mich nicht würde bewegen können, denn dies war ich gewohnt. »Aber wie soll ich es in mir aushalten, meinen Gedanken und Gefühlen ausgeliefert, ohne mich abzulenken?«, nagte es in mir. Wir vereinbarten, dass die Schwestern über mein Krankenbett ein großes Schild hängen: keine Psychopharmaka! Ich bekam auch nichts. Ich versuchte es auch nicht, sagte nur bei der Visite, dass es mit meinem Schlafen auf dem Rücken immer noch nicht gehe; denn anders durfte ich nicht liegen. Der Professor antwortete: »Ich könnte Ihnen gefahrlos etwas für die Nacht geben.« Aber ich blieb eisern: »Das lassen wir lieber bleiben.« Zu groß war meine Angst vor einem Rückfall, zu schrecklich die Erinnerung an die Hamburger Psychiatrie. Ich lernte zu beten. Mein Schlaf wurde immer ein bisschen besser. Ich meldete mich bei AA Frankfurt als Kontakt: »Ich liege hier untätig, dabei könnte ich Menschen Hoffnung machen und seelische Unterstützung geben.« Es dauerte nicht lange, und ich empfing Menschen an meinem Krankenbett, die an ihrer Sucht litten und von ihr loskommen wollten. Es entspannte sich ein reger Publikumsverkehr, der auch meinem Arzt nicht verborgen blieb. Er begann, sich immer öfter mit mir zu unterhalten. So klug er als Arzt war, so weltfremd war er, was die Abgründe des Lebens betrifft. Wir ergänzten uns gut, und ich freute mich, dass ich ihm ein Stück Lebensweisheit vermitteln konnte. Es dauerte nicht lange, bis er mir ein Einzelzimmer organisierte, damit meine Besucher und Besucherinnen von AA in Ruhe mit mir sprechen konnten. Und natürlich half nicht nur ich ihnen, sondern sie auch mir. Außerdem schrieb ich jeden Tag drei Briefe an alle Menschen, die ich kannte. Darin jammerte ich nicht, sondern ließ nur indirekte Hilfeschreie los.

Der Professor stellte mich seinen Studenten als lebendes Beispiel einer gelungenen Operation vor. Einen Fünfzigjährigen mit frisch operierten Klumpfüßen würden diese womöglich nie wieder zu sehen bekommen. Ich habe von meinem Retter und der Klinik nie eine Rechnung erhalten. Wieder zuhause, schickte ich ihm zu Weihnachten ein Paket mit einer Flasche Steininger, einer Packung Pumpernickel und einem Pfund Butter. Denn er hatte mich immer als sturen Westfalen bezeichnet, obwohl ich ja Niedersachse bin. So nett habe sich noch nie jemand bedankt, antwortete er mir. Inzwischen konnte ich nicht nur wieder laufen. Ich konnte sogar tanzen, und dieses Mal nüchtern! Ich beschloss, dass es doch Wunder gebe und ich die Hoffnung nie wieder aufgeben würde. Mein Leben wurde immer spannender.

Als mein Arbeitgeber Pleite machte, wozu ich sicher beigetragen habe, bewarb ich mich mit gut fünfzig Jahren neu. Auf Alkohol hätte ich die Stelle weder bekommen, noch sie überstanden. Wer drauf ist, macht ja viele Fehler. Entsprechend war ich bei der Bewerbung darauf bedacht, mein früheres Trinken nicht zu erwähnen. Wenn jemand einen Behinderten einstellt, bekommt er noch ein Lob, aber Alkoholiker oder Suchtkranke sind im Arbeitsleben suspekt. Um einen besonders guten, korrekten Eindruck zu machen, schuftete ich bei meiner neuen Arbeitsstelle anfangs wie ein Verrückter. »Bist Du jetzt arbeitssüchtig statt zu trinken?«, fragte mich meine Haushaltshilfe. »Ich will nicht wieder weglaufen«, erwiderte ich, »außerdem muss ich erst einmal die Hackordnung kennenlernen.« Ich hatte zwei Chefs, Brüder, von denen einer unangenehm wild war. Den stillen Chef schätzte ich zunächst verkehrt ein, er war so ein Buchhaltertyp, und ich dachte, der Wilde sei der Bessere und der Introvertierte könne sowieso nichts verkaufen.

Einmal hielt der wilde Chef im Großraumbüro einen Artikel hoch und forderte mich auf: »Sagen Sie mal, was das für eine Artikelnummer ist!« Ich wusste sie nicht und er schrie: »Sie wollen verkaufen? Und wissen nicht mal die Artikelnummer?« Ich sagte: »Ich verkaufe nicht nach Nummer, sondern den Artikel.« Früher hätte ich in einer solchen Situation Angst gehabt, schon wieder zu versagen und rausgeworfen zu werden. Und ich hätte gedacht: »Leck mich am Arsch! Ich mache für Dich keine Angebote mehr.« Aber jetzt war ich innerlich und äußerlich ruhig und klar und wusste: »Jetzt nochmal von vorne!« Ich hatte das Gottvertrauen, mich der Sache zu stellen. Also sagte ich ihm bei einer passenden Gelegenheit: »Ich habe Angst vor Ihnen. Im ganzen Betrieb haben die Menschen Angst vor Ihnen. Dies ist kein Arbeitsklima!« Er fing tatsächlich an nachzudenken und ging durch den Betrieb und fragte die Leute, ob sie Angst vor ihm hätten. Die sagten natürlich Nein. Dabei hatte ich die Kollegen oft mit verweinten Augen aus Besprechungen kommen sehen. Zu mir sagte er dann: »Es stimmt nicht, dass die anderen Mitarbeiter Angst vor mir haben.

Ich habe sie gefragt.« »Ich habe immer noch Angst vor Ihnen. Wenn ich Ihr Augenblinzeln schon sehe, weiß ich, Sie schlagen gleich zu«, antwortete ich, »ich fühle mich dann wie ein kleiner, überforderter Junge. Ich bin kein rohes Ei, aber solch eine Brüllerei kann ich nicht vertragen. So kann ich nicht weiter für Sie arbeiten. Ich entbinde Sie von der Zusage, ich könne hier ein halbes Jahr in Probezeit arbeiten.« Er versprach daraufhin, dass er nicht mehr laut werden würde.

Dieser wilde Chef hat sich in meinen Augen als ein Angstbeißer entpuppt, der alle plattmachte, indem er rumschrie oder anderen deren Fehler aufzeigte. Am Anfang hatte ich noch gedacht: »Der weiß alles«. Aber dann kam ich dahinter, dass er bluffte. »Ich habe nur eine Chance: Ich muss ihm zeigen, dass ich besser bin im Verkauf als er«, dachte ich zuerst. Zu dem zahmen Chef sagte ich: »Mit Ihrem Bruder kann ich nicht zusammenarbeiten.« »Ich habe mich schon gefragt, warum er mit Ihnen immer so rumbrüllt«, entgegnete er, »anscheinend denkt mein Bruder, Sie seien besser als er.« Jetzt erkannte ich: »Der wilde Chef kann es sich nicht gefallen lassen, dass sein Bruder denkt, ich sei besser als er.« Er war neidisch, weil ich mehr Tore schoss als er. Also gab ich ihm ein paar Vorlagen im Verkauf, damit er sein schlechtes Selbstwertgefühl aufmöbelte. Ich wusste ja, wie man sich fühlt und verhält, wenn man meint, nichts wert zu sein. Ein Kollege hatte mich gewarnt: »Am Ende halten die beiden Brüder zusammen; wenn Sie dazwischengeraten, zermalmen sie Sie.« Damit kannte ich die Hackordnung und lernte, beide Chefs zu berücksichtigen. Mir ging es nicht mehr darum zu siegen, sondern mit den Menschen zurechtkommen, und dies half mir, diplomatisch zu agieren.

Ich wurde fest eingestellt und saß mit dem achtzigjährigen Seniorchef, dem Vater der beiden Chefs, der noch im Unternehmen herumgeisterte, an einem Schreibtisch. Am liebsten wollte ich, wie früher, gleich weglaufen, als ich meinen Arbeitsplatz sah. Tatsächlich passte der Alte wie ein Schießhund aufs Geld auf, verbot seinen Söhnen, große Autos zu fahren, und kontrollierte, wo ich anrief. Ferngespräche kosteten damals noch viel Geld und er untersagte sie mir. Einmal zog ich mit einem solchen Anruf einen lukrativen Auftrag aus Norddeutschland an Land. Bei diesem Kunden war er selbst zweimal vergeblich gewesen, und ich holte den Auftrag mit einem Anruf. Nach diesem Vorfall ließ er mich in Ruhe und selbständig meine Arbeit machen.

Als wir zum Saisonende viel Überschussware hatten, fragte der wilde Chef mich, ob ich einen Abnehmer wisse. »Ja, da kenne ich von früher den Geschäftsführer eines Modehauses in Aachen.« Den rief ich umgehend an, er fragte, ob die Ware lohne,

113

ich bejahte und er kam mit seiner Einkäuferin vorbei. Wir hatten uns lange nicht gesehen und er begrüßte mich mit einer herzlichen Umarmung und rheinischem Dialekt: »Na, mein Goldjunge?« Mein zahmer, introvertierter Chef machte große Augen, und ich dachte peinlich berührt: »Was der wohl denkt?«. Tatsächlich wurden wir uns einig und ein großer Posten wechselte zu einem fairen Preis das Unternehmen. Dass mir jemand wie dieser Geschäftsführer ein solches Vertrauen entgegenbrachte, wäre früher nicht vorgekommen. Und dass ich ein solches Geschäft nüchtern, gelassen und souverän über die Bühne brachte, auch nicht. Zwar hatte ich in der alten Firma auch immer gesät, aber es ging nichts auf. »Wenn die Kunden weglaufen, bin ich schuld,« dachte und fühlte ich dann, und je mehr Geld auf dem Spiel stand, desto schlimmer war es für mich. Die anderen waren in meinen Augen besser, aber ich wollte um jeden Preis zeigen, dass ich es auch kann. Also machte ich krumme Sachen, um dem Unternehmen, für das ich tätig war, Aufträge zu verschaffen, ich gab zum Beispiel heimlich Valuta, so dass Kunden viel später als vereinbart zahlen mussten. Immer hatte ich wie ein Dieb Angst, entdeckt zu werden. Ich konnte nicht klar und deutlich Nein sagen und bekam schon Magenschmerzen, wenn Kunden von weit her anreisten, weil damit der Verkaufsdruck in meinen Augen stieg und ich dachte: »Wenn die wieder abreisen ohne Abschluss, bin ich nichts wert.« Mein Perfektionismus ließ nicht zu, dass etwas nicht klappte, stattdessen saß ich anderen gegenüber und sagte mir innerlich: »Mach bloß keine Fehler!« Weil dies aber passierte und passieren konnte, bekam ich Depressionen. »Was bringt das Morgen?«, bangte ich. Meine Beine waren damals ja noch nicht operiert und ich hatte unterschwellig immer Angst, als Krüppel auf der Straße zu landen. Dies ist neurotisch: Angst vor der Angst zu haben. Wenn ich aber mit einem Kunden ausgehen konnte, ihn ordentlich Alkohol trinken und beim Skat gewinnen ließ, dann lief das Geschäft am nächsten Tag. Wenn ich anderthalb Promille hatte, konnte ich das Leben aushalten, konnte locker und angstfrei reden. Inzwischen aber ging ich ganz anders mit Menschen und eben auch Kunden um. Ich konnte jetzt Verantwortung tragen und verdiente Vertrauen, weil meine Motivation koscher war. Alle glauben, das Leben sei Zufall.

Aber man bekommt etwas, wenn man dafür reif ist.

Darauf zu warten, erfordert Geduld, Demut und die Einsicht, warum es so richtig ist, wie es ist. Vorher herrschen Suchen und Unzufriedenheit, erst danach kommt der Frieden.

Vor Weihnachten ging ich zu dem ehemals wilden Chef, um mich zu bedanken, und überreichte ihm ein Buch mit dem Titel »Vergiss die Liebe nicht«. Er gab mir die Hand und sagte sichtlich erstaunt: »Mir hat noch nie ein Angestellter etwas geschenkt!« Als drei Monate später ich Geburtstag hatte, schenkte er mir ebenfalls ein Buch: »Härte kann auch Liebe sein«. Seine Tochter, die ebenfalls im Unternehmen arbeitete, sagte zu ihm: »Papa, seit der Neue da ist, herrscht Frieden im Büro. Der strahlt das irgendwie aus.« Welch ein wertvolles Kompliment für mich!

Mein zahmer Chef war ein Mann mit gutem Selbstwertgefühl, hatte ein hervorragendes Abitur gemacht, war mathematisch begabt, konnte mit Computern umgehen, hatte Überblick und verhielt sich entsprechend. Wenn ich morgens zur Arbeit kam, lud er mich als erstes in sein Büro. Die anderen wunderten sich schon. Er legte mir alle möglichen Fakten vor und meinte: »Sagen Sie mal Ihre Meinung!« »Wollen Sie Ihre Meinung bestätigt haben oder meine hören?«, traute ich mich zu erwidern. »Ich frage Sie, weil Sie manchmal ganz andere Gedanken haben, mir nicht nach dem Mund reden, weil Sie nicht schlauer sein wollen, sondern Ihre Meinung sagen«, erklärte er. Seit ich nicht mehr bloß die Erwartungen der anderen erfüllen wollte, war mein Selbstvertrauen gesundet. Mein Wert war nicht mehr abhängig davon, ob die anderen es gut mit mir meinen. Ich triumphierte auch nicht mehr, wenn ich Recht hatte, sondern klärte die Sache, wenn Entscheidungen anstanden, und sagte, was ich zu sagen hatte.

Diese günstige Situation nutzte ich für mich und wandelte eine Gehaltserhöhung in einen halben freien Tag. »Sie wissen ja, ich mache nebenbei etwas mit Menschen, da kommen manchmal harte Fakten auf mich zu wie Selbstmord und Depression. Dazu habe ich nach einem langen Arbeitstag gar keine Kraft mehr. Ich möchte mehr Zeit haben. Geld ist weniger wichtig«, erklärte ich meinem wilden Chef. »Das ist Ihr Fehler, Sie hören immer solche Geschichten«, rief er. »Sie loben mich immer, dass ich so gut verkaufe. Was denken Sie, woher ich diese Menschenkenntnis habe? Die bekomme ich mehr im LKH als mit Geplänkel reicher Leute. Dort erarbeite ich mir diese Feinfühligkeit«, erklärte ich ihm. Er fand meinen Vorschlag revolutionär und befürchtete, mein Beispiel würde im Unternehmen Schule machen. Nachdem er aber mit seinem wesentlich vernünftigeren Bruder gesprochen hatte, stimmte er meiner Bitte zu. »Ändern, was man ändern kann«, frohlockte ich. Fortan gehörten Freitag, Samstag und Sonntag mir und meiner Tätigkeit für AA. Dies empfand ich als sinnvoller, als immer noch mehr Marktanteile zu erobern, aber auch als ausreichend; denn eine zweite Ausbildung und Karriere im Sozialen strebte ich mit Mitte Fünfzig nicht mehr an.

Ich nutzte meine freie Zeit auch, um die Welt zu bereisen und Menschen zu besuchen, die ich auf meinen bisherigen Reisen kennengelernt hatte. Auch habe ich nüchtern die witzigsten Situationen erlebt. Einmal war ich mit einem Schützling von AA und einem weiteren Freund in Oslo, wir gehörten einer Reisegruppe an. Es gäbe auch Teilnehmer aus meiner Kreisstadt, hatte ich gehört. Als wir aus dem Bus stiegen, um ein Museum zu besuchen, stand dort plötzlich ein Mann, der mir bekannt vorkam, nur wusste ich nicht, woher. Ich grüßte, er grüßte zurück. »Ich gehe mal besser rüber«, dachte ich mir und ging hinüber, um ihm die Hand zu geben. »Kommen Sie denn auch zu dem Lehrgang?«, fragte er mich. »Also, ich bin im Moment sehr ausgebucht«, wich ich aus. Ich hatte noch immer keine Ahnung, woher wir uns kannten. Als ich zu meinen Freunden zurückkehrte, fragten sie: »Woher kennst Du den denn?« »Ich kenne ihn nicht, er kam mir nur bekannt vor, wahrscheinlich irgendwoher aus Osnabrück«, antwortete ich. »Das ist Erwin Huber« (ehemaliger bayerischer Staatsminister für Finanzen), flüsterten sie und brachen in schallendes Gelächter aus.

Selbstverständlich wollte ich noch an gutaussehende Frauen herankommen. Ich kalkulierte: »Wenn ich einen guten Eindruck mache, dann nimmt sie mich in den Arm.« Aber wenn diese Frauen dann herausbekamen, dass ich nicht ganz in Ordnung bin sexuell, kamen meine Verlustängste wieder hoch. Würden sie mich ablehnen, dächte ich, ich sei nichts wert. Ich hatte Angst vor Nähe und habe mich gleichzeitig danach gesehnt. Aber seelische Nähe habe ich so schnell nicht zugelassen. Inzwischen wusste ich, dass es bei vielen Menschen, besonders bei Suchtkranken, so ist: Entweder wissen sie nicht, wohin mit ihrer Potenz, und werden sexsüchtig, oder sie haben Angst zu versagen und äußern dies durch Impotenz oder Frigidität. Um sich selbst bestätigt zu fühlen, werden Partner immer wieder ausgetauscht oder vermieden, um das eigene Problem zu kaschieren. Mit Alkohol lässt sich dies recht einfach wegmachen, man fühlt sich als der oder die Größte und kommt zur Ruhe, aber das Problem in sich selbst sehen? Zu einem gesunden Maß zu kommen und zu begreifen: »Dies ist nicht nur für Schönwetter. Ich kann Sex nicht nur machen, weil ich Sehnsucht nach Nähe habe,« war für mich ein wichtiger Schritt. Denn dies hatte ich oft getan, während ich keine Verantwortung übernehmen wollte.

Viele Jahre fuhr ich regelmäßig nach Tunesien. Die Musliminnen waren zwar alle Jungfrauen und mussten es auch bleiben, aber wollten auch zum Orgasmus kommen, kannten dazu alle Tricks und brachten auch impotente Männer wie mich zum Orgasmus. Ich dachte: »Sie sind die Idealen für mich!« Zwar habe ich sie mit Achtung behandelt, aber sie waren zum Teil ganz jung, dreißig Jahre jünger als ich, und wenn sie mich dann ganz gerne mochten, bekam ich kalte Füße und zog mich zurück. Eine sagte zu mir: »So gut, wie Du mich behandelst, hat mich noch nie jemand behandelt.« »Wie schlimm muss es mit den einheimischen Männern sein?«, fragte ich mich. Viele Frauen bekommen zuhause Schläge, müssen ihr gesamtes Geld abgeben, habe keine Mitsprache in der Sexualität. »Nimm mich mit«, bat sie mich, »Du brauchst mich nicht zu heiraten, nimm mich nur mit!« Ich hätte diese Frau nach Deutschland geholt, damit sie dort leben könne. Moslem zu werden, um sie heiraten zu können, dazu war ich nicht bereit. Ich sagte ihr: »Ich will Dich wohl einladen, aber wir müssen dann gucken, wie es weitergeht.« Die deutsche Botschaft hat mein Gesuch abgelehnt. Irgendwie war ich erleichtert und erklärte ihr: »Wenn es Dir reicht, dass ich ab und zu hier herkomme ...« »Ich bin mit dreißig eine alte Schachtel und die tunesischen Männer wollen ohnehin nur mit mir ins Bett – Du behandelst mich wenigstens vernünftig. Ich habe mit Dir das Gefühl, Mensch zu sein«, antwortete sie. Ich hatte Angst, sie unglücklich zu machen. Ich hatte schon so viele unglücklich gemacht.

In meiner Einsamkeit und meinem Suchen, wenn meine Sehnsucht mich beinahe auffraß, habe ich manche Frau benutzt wie ein Auto, das ich mal fahre, aber Versicherung und Sprit zahlen die anderen. Heute Porsche, morgen Mercedes. Selbst als ich endlich wusste, dass meine Motivation nicht koscher ist, war die Sexualität doch oft stärker. Jetzt aber, wenn ich wieder einmal übertrieben hatte, schloss der Gott, den ich inzwischen akzeptierte, die Türen rechtzeitig. »Das Können hat er mir schon länger genommen, aber das Wollen ist nun auch weniger geworden. Der Herrgott hat mich mit meiner Schwäche der Impotenz wohl so gemacht, dass ich allein bleibe«, schloss ich. Noch heute wollen mich Frauen heiraten, die tief im Schlamassel sitzen, viel Schlimmes mit Männern erlebt haben, von Altersarmut bedroht sind und so weiter. »Nun lass mich mal in Ruhe. Für Ehe bin ich nicht so geeignet«, sage ich denen freundlich, damit sie sich keine falschen Hoffnungen machen. Mir begegneten auch viele Menschen mit Borderline-Syndrom. Die betroffenen Frauen hoben mich erst auf einen Sockel, und ich fühlte mich geschmeichelt und angenommen. Wenig später zeigten sie mir unverhohlen ihren Hass. Es war unmöglich für mich, damit Frieden zu finden und zu halten, und es gelang mir, nach langer Recherche und inneren Kämpfen, die Türen zu diesen Menschen zu schließen, zumindest was den privaten Kontakt betrifft. Zu ähnlich war dieses Verhalten dem Verhalten der Suchtkranken.

Glücklicherweise erreichte ich aber immer Frieden mit den Menschen, die ich verletzt hatte. Wenn ich die kaputten Beziehungen, die ich durch mein Wirken im Rahmen von AA aus der Nähe beobachtet habe, mit meinem Leben vergleiche, denke ich: »Was haben die es schwer und ich es gut, so frei und selbstbestimmt zu sein, bloß richtig vollständig bin ich nicht; denn mich haben sie damals kastriert.« »Nun fang nicht an zu spinnen! Nutz Deine Zeit, Du hast sicher nicht mehr viel«, widerspricht schon lange eine andere Stimme in mir und lässt mich meinen Aufgaben nachgehen.

In Bulgarien lernte ich nach der Wende und lange nach meinen Beziehungen zu Prolet und Bogy eine Dozentin für Deutsch und eine für Englisch kennen, die sich, weil ihre Familien betroffen waren, für Alkoholsucht interessierten. Ich bot ihnen an, bei meiner nächsten USA-Reise mit der Zentrale von AA in New York Kontakt aufzunehmen. »Wir bezahlen kein Geld für die Übersetzung des Programms, aber ansonsten kann es in Bulgarien zur Verfügung gestellt werden«, erklärte sich die Frau einverstanden, mit der ich dort sprach. Sie stellte sich mir als Carmen vor und als bunter ethnischer Cocktail aus Kolumbien. Wenige Tage später war ich zu Fuß unterwegs zum Haus meiner Tanten, da kam mir mitten in Queens Carmen entgegen. Ich erkannte sie sofort und sprach sie an. Sie reagierte schroff, ich solle sie in Ruhe lassen, sie würde nicht gerne von fremden Männern angesprochen. Ich sagte: »Carmen, wir kennen uns.« »Woher?« »AA.« »Oh, Johän! Was machst Du hier?« Wir redeten eine Stunde im Schnee, es stelle sich raus, dass sie drei Häuser von meiner Tante entfernt wohnte. Carmen lud mich ein, sie zu besuchen: »Ich bin geschieden, habe einen Sohn. Du kannst immer vorbeikommen.« Sie erzählte von ihrer Männermüdigkeit, ich aus meinem Leben, und wenn ich ab jetzt etwas für AA brauchte, war sie meine Ansprechpartnerin und sorgte u.a. dafür, dass Georgien russische Literatur bekam. Die bulgarischen Dozentinnen übersetzten das Programm und damit waren die Anonymen Alkoholiker in Bulgarien präsent. Daraufhin hielten zwei AA-Freunde und ich einen Vortrag an der Universität in Sofia. »Schielen Sie nicht immer nur nach Mercedes und D-Mark, sondern sehen Sie das Schöne im Leben, die Gastfreundschaft und Fröhlichkeit in Ihrem schönen Land und erweitern Sie Ihre Grenzen«, legte ich ihnen ans Herz. »Kommen Sie wieder, dies war die beste Deutschstunde, die wir bisher gehabt haben«, gaben sie uns mit auf den Heimweg. Offenbar hatten wir Zufriedenheit vermittelt. Das Geld meiner Tante Anna ist zum großen Teil in solche Projekte geflossen. »Du bist wertvoll, wenn Du Deinen Hintern hochkriegst, aber nicht, wenn Du Dich tragen lässt«, hat sie mir ja als eine ihrer Weisheiten hinterlassen.

Ich lud Carmen nach Deutschland ein. Sie ist sehr kunstinteressiert und weckte meine Begeisterung für die Oper, aus der ich vor einiger Zeit noch am liebsten geflohen wäre. Auf meine nächste Reise nach New York nahm ich Ralf, den Streetworker mit, der bei Carmen wohnen konnte und vor Ort Englisch lernte. Ralf war Spiegeltrinker gewesen: Bei 1,8 Promille funktionierte er so reibungslos, dass ihm Polizisten nach der Kontrolle gute Fahrt wünschten – allerdings auch nur bei 1.8 Promille. Ralf hatte gesoffen, bis er Leberzirrhose bekam. Er ist hochintelligent, ein großartiger Fotograf; es war schwer, seinen Gedankengängen zu folgen, und für ihn war es schwer, die Welt zu akzeptieren. Als tibetanischer Mönch hat er für sich den Weg gefunden zu gesunden. »Trotzdem arbeite ich daran, dass andere aus der Sucht rauskommen«, sagte er. Ich fühlte mich wieder einmal bestätigt:

»Es gibt keinen hoffnungslosen Fall!«

Mit Carmen flog ich nach Tunesien. Sie hatte zuerst Bedenken: »Die mögen dort keine Amerikaner.« Aber hinterher schwärmte sie, es sei der schönste Urlaub ihres Lebens gewesen. Als später meine Tanten tot waren, bot sie an: »Du kannst immer meine Wohnung haben.« So fuhr ich regelmäßig mit AA-Freunden nach New York, während Carmen ihre Heimat Kolumbien besuchte. Eines Abends, wir kochten gerade, klopfte es energisch. Man dachte in der Nachbarschaft, wir seien Einbrecher. Aber Carmen hatte dem Hausmeister dann doch Bescheid gesagt, dass wir in ihrem Haus wohnen würden.

Vor dem nächsten 1. Mai bot mir ein Bekannter, der gerade Krach mit seiner Ehefrau hatte, eine, nämlich ihre Karte für Pavarotti in Amsterdam an. Aber Carmen wollte mit ihrer Freundin Lola am Folgetag zu Besuch kommen und auch Ralf hatte sich angekündigt. Wie sollte ich da Ja sagen? Mein Bekannter aber hatte die Lösung: »Ich habe zwei Häuser auf Texel, da können wir mit Deinem Besuch übernachten.« Wir hatten keine normalen Plätze, sondern waren als Ehrengäste in die Loge eingeladen. Ich hatte davon nichts gewusst und war so alltäglich angezogen, dass ich am Eingang von der Security untersucht wurde. Sie fanden natürlich nichts. Am nächsten Tag holten wir Carmen und Lola in Schiphol ab und fuhren nach Texel. In dem Sand konnte ich nur schwer laufen, aber wir hatten gemeinsam so viel Spaß, dass dies bedeutungslos wurde. Lolas Mann Conny war Ire und ein noch aktiver Alkoholiker. Er wurde mein nächster Bodyguard, half mir also bei Treppen oder wenn ich etwas Schweres tragen musste, und manchmal fuhren er und Lola mit mir durch New York und zeigten mir, was Touristen nie finden, z.B. die köstlichsten italienischen Kuchen. So ergaben sich aus einem Kontakt immer neue Begegnungen mit Menschen, daraus folgten Einladungen und Reisen. Oft sagte man mir: »Besuch mich mit Leuten, die so leben wie Du. Die sind authentisch.« Und ich habe erfahren:

»Wenn ich es zulasse, ist das Leben immer in Bewegung und ist immer für mich.«

Dennoch meldeten sich immer wieder meine alten Probleme, auch wenn ich anders als früher mit ihnen umging. Meine Tante Frieda hatte eine Freundin, die war ledig und kinderlos und im Management von AT&T tätig. Diese Betty hat ab und zu eine Freischaltung organisiert, damit die Tanten und ich über den Teich telefonieren konnten. Das war damals ja noch sehr teuer. Eines Tages, als ich wieder mal in New York war, sagte Frieda zu mir: »Betty will

Dich kennenlernen.« Ich befürchtete: »Wenn ich dahin gehe – ich bin trockener Alkoholiker und ich bete bei Tisch – dann brüskiere ich meine Tanten.« Ich mochte keine Flagge zeigen, die Meinung der anderen war mal wieder wichtiger als ich. Aber ich entschied: »Wo Angst ist, ist mein Weg.«

Betty hatte ein Haus in New York und eines in Florida und fuhr im Cadillac vor. Als sie mich einlud, ging ich zu ihr zum Essen. Sie servierte auf Meissner Porzellan, und ich musste ihr sagen, dass ich Alkoholiker bin und bete! Wenn mir von dem Porzellan ein Teil runterfiele, wäre der ganze Tag im Arsch. »Wenn Du irgendwas mit Alkohol gekocht hast«, setzte ich vorsichtig an. »Nein, habe ich nicht«, sagte sie. Mit einem Mal war meine Anspannung verschwunden, ich fühlte Gottvertrauen und wir unterhielten uns. Betty fragte im Laufe des Gesprächs: »Was machst Du nachts immer in New York?« Ich konnte ja mittlerweile laufen und tanzen. Ich sagte: »Ich habe viel mit meinen Tanten zu tun und bin abends auch müde.« »Aber das Nachtleben ist hochinteressant. Ich möchte Dich ins Studio 54 einladen«, meinte sie. Dort traf sich damals alles, was Rang und Namen hat. Ich hätte womöglich Madonna oder Frank Sinatra kennengelernt. Aber ich antwortete: »Weißt Du, ich bin viele Nächte in meinem Leben unterwegs gewesen und habe nie gefunden, was ich suchte.« »Was hast Du gesucht?«, wollte sie wissen. Ich antwortete: »Peace of mind (inneren Frieden).« Betty entrüstete sich beinahe: »Über Gefühle spricht man in New York nicht. Man erfüllt seine Rolle.« »Und wohin gehst Du mit Deinen Gefühlen?«, wollte ich wissen. »Ich habe einen eigenen Psychiater.« Ich meinte: »Ich hoffe, der hilft Dir gut.«

Zwei Tage später rief Betty an und lud mich ein, mit ihr nach West Point zu fahren. Ich dachte: »Was will die mit mir in West Point? Will sie einen Ledernacken aus mir machen?« Aber die Fahrt durch den Indian Summer war wunderschön. Betty nahm mich mit zu einem Friedhof. Vor einem Grab blieb sie stehen. »Dort liegen die Witwe meines Bruders und ihre beiden Söhne. Den einen, der seinem Vater nacheifern wollte, haben sie in Vietnam gleich erschossen. Der andere hat sich mit Heroin totgespritzt. Der dritte hat sich von seinem Vater abgewandt und lebt als einer der reichsten Männer Amerikas. Und mein Bruder wollte seinem Sohn zeigen, dass er auch als alter Mann noch Dampf hat. Seitdem kämpfen die beiden aus, wer der Bessere ist. Dieses Grab ist unser Scherbenhaufen und dabei behaupten alle, wir hätten es geschafft.« Ich dachte: »Vor dieser Frau hatte ich Angst, aber sie weiß auch nicht, was innerer Frieden ist.« Vielleicht durch unser Gespräch, hat sie erkannt, dass auch sie nicht richtig lebte. Was aus ihr geworden ist, weiß ich nicht. Aber dies weiß ich:

Inneren Frieden kannst Du mit keinem Geld der Welt kaufen.

Mein Verkaufsleiter der alten Firma war so weise, mir zu raten: »Man trifft sich immer zweimal. Klären Sie die Sache, aber siegen Sie nicht. Denn dann gibt es einen Verlierer, der beim nächsten Mal siegen will, und es geht immer so weiter.« Mein Verkaufsleiter war Spitzenspezialist aus Plauen und erzählte mir folgende Geschichte: »Ein junger Einkäufer verweigerte in einem Termin mit mir zu kaufen und behauptete, meine Ware sei minderwertig. Ich blieb ruhig und erklärte ihm: »Sie scheinen ja sehr genau Bescheid zu wissen. Mit Ihrem Auftraggeber haben wir immer Geschäfte gemacht. Also wenn Ihnen dies alles nicht gefällt, dann lasse ich Sie in Ruhe.« Ich verließ den Termin, rief den jungen Mann am nächsten Tag aber an: »Sie sind ein junger Mann und sind in einer guten Firma. Ich hätte Sie gestern vor Ihren beiden Kolleginnen so blamieren können, dass Sie vielleicht Ihren Job verloren hätten. Was Sie nämlich behauptet haben übers Klöppeln, das war alles Kokolores. Seien Sie demnächst vorsichtiger, Sie treffen nicht immer jemanden wie mich und dann kriegen Sie es schwer im Arbeitsleben.« Der junge Mann bedankte sich und lud mich ein, noch einmal vorbeizukommen. Er ist mein größter Kunde geworden. Wir beide hatten gelernt, uns wie ein königlicher Kaufmann zu verhalten.« Ich begriff durch seine Erzählung, dass ich die Menschen so behandeln musste, dass ich sie nicht kaputtmachte.

Ich hatte einen Kunden aus Gelsenkirchen, der von seinem Chef mächtig Druck bekam. Wenn ich zum Termin kam, drückte und drückte er den Preis. Dem machte ich deutlich, dass es so nicht weitergehe. »Wenn ich die Preise nicht erreiche, fliege ich raus.«, widersetzte er sich. Ich blieb hart: »Gehen Sie anderswo hin oder bringen Sie mal Ihren Chef mit.« Ich stellte, als die beiden tatsächlich angekündigt waren, unsere Kollektion zusammen, nahm aber alle besonderen Artikel raus. Den Rest zeigte ich ihnen. »Dies ist aber nicht viel«, bemerkte der Chef. Ich entgegnete: »Sie haben einen so tüchtigen Einkäufer, der mich so weit im Preis drückt, dass Sie mich rausgeworfen hätten, hätte ich für Sie gearbeitet. Deshalb bekommen Sie die höchstwertigen Artikel heute nicht. »Holen Sie sie!«, wies er mich an. Ich holte sie, er betrachtete sie wohlwollend. Ich setzte nach: »Wie sind hier nicht beim Viehhandel. Wenn ich sage 10,90, dann ist es 10,90. Sonst brauchen wir nicht weiterzumachen. Wenn ich einen Renner für zwei Drittel vom Preis verkloppe, kriege ich Zunder von meinem Chef.« Er kaufte daraufhin eine normale Kollektion zum üblichen Preis und sagte am Ende: »Ich habe heute viel gelernt: Wir können nicht immer das Unterste aus der Kanne haben wollen, es muss auch alles menschlich, fair und ehrlich sein. Kommen Sie mit, ich möchte Ihnen ein Geschenk machen.« Wir gingen zu seinem Auto, dort drückte er mir eine Kiste Sekt in die Arme. Ich dachte nur: »Wenn Du wüsstest ...« und spendete die Kiste dem Hausmeister, der uns stets gut betreute.

Es war eine Glaubenssache. Früher hätte ich nicht geglaubt, dass ich durch Teilen reicher würde, sondern sagte mir, egal um welchen Vorteil es auch ging: »Nimm das mit!« Auf den Gedanken zu verzichten, wäre ich nie gekommen. Jetzt war mein Denken:

»Wo Hass ist, lass mich Liebe bringen.«

Wenn ich früher eine Niederlage erlitt, dachte ich: »Ich kann mich anstrengen wie ich will, die anderen kommen doch schneller zum Erfolg.« Immer ging es damals darum, die Angst, es nicht zu schaffen, wegzutrinken. Jetzt erlebte ich, wie ich mit mir selber zurechtkam, Herausforderungen begegnete und gute Lösungen fand. Ich ging mit Menschen so um, dass wir die Sache klärten und dabei etwas lernten. Ich wollte nicht mehr derjenige sein, der den Ball nicht abgab, um Tore zu schießen, und schaute nicht mehr missgünstig auf diejenigen, die besser verkauften oder mehr verdienten als ich. Früher fühlte ich immer eine kalte Wut in mir, wenn ich nicht der Größte und Beste war, und machte meine schlechten Gefühle und Defizite mit Alkohol weg. Früher war ich selbst ein Seelsorgefall. Jetzt sahen mich Ärzte, Geschäftspartner und andere Suchtkranke als vollwertigen Menschen und echten Gesprächspartner an. Menschen zeigten jetzt Vertrauen zu mir. Dies gab mir inneren Frieden. Was wollte ich mehr?

»Hör auf zu arbeiten«, sagte ich mir einige Jahre später. Mit sechzig wäre ich wegen meiner achtzigprozentigen Behinderung ohnehin in Rente gegangen. »Deine Aufgabe ist, mit Menschen zu arbeiten, warte nicht länger.« Ich beschloss, einen Antrag auf Frühverrentung zu stellen. »Ich mache gerne für einen Jüngeren meinen Arbeitsplatz frei. Ich arbeite lieber mit Menschen als für Marktanteile«, erklärte ich. »Sie sind aber ganz gut dabei!«, entgegnete der Neurologe. »Ich zeige mich, wie ich bin; denn ich habe beschlossen, nicht mehr zu lügen«, verteidigte ich mich, aber um Rentner zu werden, hatte ich offenbar alles verkehrt gemacht in diesem Gespräch. Der Orthopäde empfing mich mit dem Befehl: »Erzählen Sie nichts! Ich stelle die Fragen.« »Ja, dann ist es ja gut«, beschwichtigte ich ihn und listete nur später die Ärzte auf, die mich operiert hatten. »Bei denen habe ich gelernt, die sind die Besten, das hätten Sie mal gleich sagen sollen«, wunderte er sich. »Meine Beine machen das Autofahren, das Präsentieren der Kollektionen nicht mehr mit, aber ich werde nicht geschont. Es ist nicht so, dass ich gar nichts machen will. Ich möchte jedoch vernünftig leben«, argumentierte ich und dachte zu mir: »Ich werde nie Rentner, so wie das hier läuft.« Nach einigen Woche kam der Bescheid: stattgegeben! »Herrgott, jetzt bin ich reif für meine Aufgabe«, dankte ich innerlich jubelnd und machte dazu den höchsten mir möglichen Luftsprung. Nun war ich mit sechsundfünfzig Jahren ein Herr mit Tagesfreizeit.

Mein Glück steigerte sich noch; denn meine Chefs betrachteten mich als zu schade für die Rente: »Sie sind ja noch so fit im Kopf, kommen Sie doch einen Tag in der Woche.« Als Troubleshooter sollte ich regeln, was im Unternehmen schiefgelaufen war. Für zuhause bekam ich ein Telefon, mit dem ich geschäftliche Gespräche führen und abrechnen konnte, und zusammen mit weiteren Kosten, die ich geltend machte, erhielt ich von meinem Chef einen Bonus in bar, der die vierhundertfünfzig D-Mark, die ich offiziell verdiente, deutlich überstieg. »Was habe ich es gut!«, dachte ich, »ich brauche nicht mehr um sechs Uhr aufzustehen, muss nur einmal in der Woche zur

Arbeit fahren und bleibe dennoch auf dem Laufenden, was in der Arbeitswelt los ist.« Mein Geld konnte ich ausgeben für Menschen, die mir wichtig waren, die ich auf meine Reisen mitnahm oder in ihrer Lebenssituation unterstützte, und wenn ich andere zu mir einlud, war es egal, wenn dies ein bisschen mehr kostete. Ich fühlte mich auf vielen Ebenen als ein reicher Mann.

»Wohin wollen Sie denn in Urlaub?«, fragte mich eines Tages der zahme Chef. »Fängt der jetzt auch noch an, sich für mein Privatleben zu interessieren?«, dachte ich unwillkürlich, sagte aber: »Warum wollen Sie das wissen?« »Ich will Ihnen einen Urlaub schenken«, war die Antwort. Ich war baff und sah ihn an, um zu prüfen, ob er scherze. Früher hatte ich mit Autoritäten immer Schwierigkeiten gehabt, war dann wütend über deren Entscheidungen und konnte nachts nicht schlafen. Jetzt bot mir ein Vorgesetzter ein solches Geschenk an. »Ohne Limit?«, fragte ich ihn. »In Ihrem Rahmen. Keine Weltreise, aber wenn Sie nach Amerika wollen ...«, antwortete er ruhig und sachlich, »ich möchte mich bedanken für Ihre Leistung hier.«

Von dieser Reise brachte ich einen großen Erfolg für das Unternehmen mit. Ich selbst bin kein kreativer Mensch. Also erkundigte ich mich in einem New Yorker Fachgeschäft für Berufskleidung, welches Ware verkaufte, wie unser Unternehmen sie produzierte, nach den Top Sellern und kaufte diese für zuhause ein. Um Konkurrenz ging es mir nicht, sondern um Anregung. Tatsächlich wurde einer dieser Artikel in Deutschland ein Renner. Bei der folgenden Vertretertagung hieß es: »Herr Vindfried hat von seiner letzten Amerikareise diesen Artikel mitgebracht, den wir überragend verkaufen konnten. Er bekommt von Kunden manchmal mehr vertrauliche Informationen als alle Vertreter im Außendienst zusammen.« Es war mir etwas peinlich, aber ich freute mich auch. Nun hatte ich endlich mal ein bisschen Beifall.

Dies ist das Spirituelle am AA-Programm: Nicht zu denken: »Wenn ich mein Leben Jesus übergebe, schwebe ich im Himmel – halleluja«, sondern im Sinne Gottes zu leben und zu wirken. Suchtkranke sind geil auf gute Gefühle. Deshalb lernte ich vorsichtig zu sein mit meinen Wünschen. Ich betete nicht mehr um Erfolg, sondern darum, zufrieden zu sein. Und ich bekam inneren Frieden. Ich wurde immer konfliktfähiger und wollte nur noch selten die anderen verändern. Es ist nicht so, dass ich denke: »Was Freund X oder Frau Y sagen oder tun, ist immer richtig.« Aber mir fällt auf, wenn ich dabei bin, die anderen zu manipulieren, und nehme mich dann zurück.

Als ich Jahre später meine Krebsdiagnose bekam, fragte ich den Arzt: »Wie stehen meine Chancen?« »Drei zu eins«, antwortete er. Ich ging an dem Abend ins Bett in dem Bewusstsein, dass ich Gesundheit als Geschenk betrachte.

Denn Gesundheit ist nicht die Abwesenheit von Krankheit, sondern die Fähigkeit, mit ihr zu leben.

»Dein Wille geschehe«, hielt ich Zwiegespräch mit Gott. Ich wurde nicht mehr von Angst regiert; denn Angst frisst die Seele auf und dies belastet den Körper, das Immunsystem. Statt immer zu denken: »Schaffe ich das? Was ist übermorgen?« und meine Kraft für Perfektion und übertriebene Vorsicht zu vergeuden, war ich jetzt gut drauf und dachte gar nicht daran, was mir alles passieren könnte, solange es nicht direkt vor mir stand. Wenn ich gut drauf bin, kann sich meine innere Polizei mit Bakterien und Co auseinandersetzen. Bin ich aber schlecht drauf, ist auch mein Immunsystem darauf ausgerichtet, dass ich mit mir klarkomme, statt Polizei nach außen zu sein. Der Krebs ist bislang nicht wiedergekommen – Gott sei Dank!

Selbst als fünfzehn Jahre später mein Bruder aus heiterem Himmel in seinem Haus einen Gehirnschlag erlitt und im selben Moment starb, ich ganz allein im Haus, die Haushälterin im Urlaub, trieb mich zwar zuerst die leise Frage um: »Und wie geht es nun weiter? Die ganze Familie ist tot –

außer mir.« Dann aber schwante mir, der Herrgott hatte diesen vitalen, fitten Mann davor bewahrt, gelähmt zu sein, hat ihn vorab zu sich genommen, damit er nicht so viel würde leiden müssen. »Lass mich dies annehmen und anderen Menschen Hoffnung geben«, bat ich. Mit dieser Einsicht konnte ich schlafen. Am nächsten Morgen stand meine Nachbarin vor der Tür: »Johan, ich habe gesehen, Du warst gestern und heute nicht einkaufen, und habe Dir ein Brot gebacken«, sagte sie und fuhr fort, »das Leben geht weiter. Ich weiß, dass Du gläubig bist und dadurch viel Kraft haben wirst.« Diese Geste hat mir so viel gegeben! Und ich hatte geschlafen – dies war ein Wunder. »Dein Wille geschehe«, hätte ich früher nicht denken können. Dennoch lebte ich zwei Jahre zurückgezogen, bis die Fragen in meinem Kopf nach dem Warum und ob ich mich um meinen Bruder genügend gekümmert hätte, beantwortet waren und mehr und mehr verstummten. Erst jetzt fühlte ich mich wieder bereit, mich hundertprozentig den Menschen und dem Leben zuzuwenden und meinen Einsatz für AA fortzusetzen.

Während einer von Dr. Hassfeld organisierten »Reise für die Seele« an den Thuner See fiel dem Gruppenleiter »meiner« Gruppe auf, dass ich mich nicht richtig freuen konnte. Mir fehlten halt mein Leben lang die Wärme und echten Gefühle. Um zu üben, sollte ich nach vorne kommen und

Freude darüber zeigen, dass ich vermeintlich eine Goldmine gefunden hätte. Ich rief: »Hui, hui!«, aber die anderen sagten: »Du hast keine Goldmine gefunden, höchsten ein paar Cent.« Ich musste noch dreimal nach vorne vor die Gruppe und üben. Am Ende reichte es für einen dreistelligen Betrag. Dafür konnte ich umso besser reden. Manche meinen, ich sei mit den Gebrüdern Grimm verwandt. Wenn ich von einer Eiche erzähle, dann mache ich daraus eine alte Eiche, unter der vielleicht schon die Germanen gesessen haben. Aber eben keine Palme. Als ich eines Nachmittags erzählte, ich würde auf eine Bekannte meiner Tante wartete, die mich zum selben Zeitpunkt am See abholen sollte, zu dem auch eine Chinesin vorbeikommen wollte, die ich vor Ort kennengelernt hatte, beschimpfte mich ein Therapeut, der mit auf dieser Reise war: »Sie sind der größte Lügner, den ich je erlebt habe.« Ich konterte: »Therapeutisch korrekt ist das aber nicht, was Sie da sagen. Ob Sie die Menschen mit solcher Unterstellung erreichen?« Wenig später, als Edith und die Chinesin auftauchten, sah ich, wie mein Kritiker oben über die Mauer spinkste. Ich freue mich, dass er sah und mitbekommen wollte, dass ich tatsächlich mit den beiden Frauen verabredet war. Glücklicherweise war ich nicht in seiner Gruppe. Edith war eine vornehme Dame und hat mich auf dem Schiff oder im Restaurant immer durchaus hohe

Preise bezahlen lassen. Ich dachte: »Mein Gott. Die fragt nicht mal, ob sie sich eventuell beteiligen könne. So kann ich von reichen Leuten das Sparen lernen.« Wir haben aber heute noch guten Kontakt. Positiv beeindruckt hat sie mich, als sie extra in meinen norddeutschen Heimatort reiste, um die Gräber meiner amerikanischen Tanten zu besuchen. Ich hatte deren Urnen kurz zuvor nachhause geholt. Wieder einmal lernte ich, dass es mehrere Eindrücke benötigt, um einen Menschen ganz zu erfassen, und dass das voreilig gefasste Urteil auf Glatteis führen kann.

Durch meine Reisen und meine offene Art, Menschen zu begegnen, habe ich Kontakte in vielen Ländern der Welt, zu Menschen unterschiedlicher Kulturen: Nord- und Lateinamerika, Tunesien und Marokko, Österreich, China, Georgien, Bulgarien und die baltischen Staaten sind mir vertraut geworden. Tiefe Freundschaften sind darüber entstanden. Zu Weihnachten erhalte ich an die einhundert Karten und Briefe. Besuch kündigt sich jeden Monat an. Fotos über Fotos mit wunderschönen Frauen aus allen Kontinenten, manche in meinen Armen und manche ohne mich, manche als wären sie meine Tochter, andere als echte Freundin oder meine Geliebte, zieren meine Fotoalben. Ich gebe zu, dass ich mich in diesen Momenten wertvoll fühlte. Ich denke inzwischen aber auch: »Dies ist auch ein Teil des Suchtproblems!« Also sorgte ich dafür, Begegnungen mit Frauen zu wenden, ihnen anderen Inhalt als den sexuellen zu geben. Oft ging es darum, AA in andere Länder zu bringen, und tatsächlich gelang es, den Anonymen Alkoholikern nach Bulgarien und Georgien auch in Litauen eine neue Heimat zu geben. Es waren diese Begegnungen mit Menschen, die mich entscheidend weitergebracht und mich viel gelehrt haben über das Leben:

»Das Leben kann auch für einen Schwerkranken voller Überraschungen sein.«

Es sind Geschenke, die ich bekommen habe, und ich denke: »Ich habe Gnade.« Auch wenn solche Begegnungen nicht für immer sind, bin ich ihnen dankbar.

Eine georgische Ärztin, die ich in Dubrovnik kennenlernte, wo sie zur Wendezeit einen Kongress besuchte, machte mich mit einer ehemaligen Primaballerina aus einer bekannten georgischen Familie bekannt, die als Kind schon bei Schewardnadse auf dem Schoß gesessen hatte: Ninu. Mein Ego fühlte sich gestreichelt, wenn ich eine Frau wie sie kennenlernte. Sie hatte eine opernreife Stimme, sah blendend aus, konnte feiern, dass es meine größten Eskapaden in den Schatten stellte. Gleichzeitig war sie ihr Leben lang verwöhnt und bevorzugt worden. Wenn ich schon eine Stunde in einem Wartezimmer gesessen hatte, kamen wir sofort dran, wenn Ninu auftauchte. Ich organisierte für sie einen Besuch in Deutschland, einen Job, mehrere Konzerte und wir reisten zusammen. Einmal sang sie in georgischer Tracht auf meinem Geburtstag vor zahlreichen Gästen, die sich in meiner Wohnung drängten. Die Frage, was diese Frau bei mir suche, stand ihnen deutlich ins Gesicht geschrieben. Seitdem ich Gott vertraue, ist die Angst vor dem Gerede der Leute aber von mir abgefallen. Wenn Menschen zu mir sagen: »Was die anderen alle über Dich erzählen!«, dann antworte ich: »Die wissen nicht alles, sonst hätten sie Dir noch mehr erzählt.« Damit ist das Thema für mich erledigt. Ninus Wahlspruch war: »Sag ja nicht zu mir: »Du darfst das nicht!« Ich habe Jahre geübt und gearbeitet für das, was ich heute kann.« Ihre Freundin Irina, die uns bekanntgemacht hatte, emigrierte nach einiger Zeit in die USA, wo ein toller Job auf sie wartete. Ich hörte nie wieder von ihr. Wo Licht ist, ist auch Schatten. Also muss wo Schatten ist, auch Licht sein.

Ebenfalls aus den Augen verloren habe ich Fabian. Eigentlich hatte eine Freundin seiner Mutter, eine junge Ärztin, nach Deutschland kommen wollen und dabei bei mir übernachten sollen. Doch zu einem fremden Mann wollte sie nicht in die Wohnung ziehen. »Kann nicht stattdessen mein Sohn zu Ihnen kommen?«, fragte mich die Dolmetscherin dieser Ärztin, »er ist frisch ausgebildeter Arzt und überlegt auszuwandern, weiß aber nicht, ob seine Kenntnisse dafür ausreichen.« Lieber hätte ich die Ärztin empfangen, aber erklärte mich zögernd bereit, es mit dem Sohn der Dolmetscherin zu versuchen.

Man muss aus Zitronen Limonade machen.

Ich höre Fabian heute noch in meiner Küche sitzen und Deutsch üben: »An, auf, hinter, vor und zwischen haben den Akkusativ, doch an auch Genitiv.« Und wenn wir zu meiner Haushälterin zum Essen gingen, gab er ihr einen galanten Handkuss und schwärmte: »Elli, Sie sind beste Köchin der Welt.« Ich unterstützte Fabian darin, in der örtlichen Klinik ein unbezahltes Praktikum zu machen. Schnell fand er heraus, dass er höher qualifiziert war als die hiesigen Ärzte seines Alters, und packte im Geiste schon die Koffer. Ich riet ihm: »Wenn Du auswanderst, bist Du irgendjemand im Ausland. Zuhause hast Du jetzt nach der Wende große Chancen, da viele Fachkräfte das Land verlassen.« Er folgte meinem Rat und wurde später Professor für Gynäkologie in Polen. Fabian bekam drei Kinder mit seiner Frau. Als ich seiner Einladung nach Polen folgte, sah ich ihn jedoch kaum, da er nur in der Universität und auf Vortragsreisen war. Sein Sohn Milosz wurde später Alkoholiker, und auch er wurde zu mir geschickt, damit ich mich um ihn kümmere, ihm auch zeige, wie man mit Geld umgeht. Er wollte zum Beispiel ein besonderes Paar Schuhe. Es sollten diese teuren sein, keine anderen, egal, was ich ihm anbot, und er kaufte sie auch. Dafür hielt er die Zeit bei Kost und Logis in meiner Wohnung aus und gab kein weiteres Geld aus. Er ist heute trocken.

Gott sei Dank habe ich nie gedacht, ich sei geheilt und brauchte die Unterstützung und den Zusammenhalt der Anonymen Alkoholiker nicht mehr. Nach wie vor bin ich mein Problem. Ich neige zu extremen Gefühlen und muss aufpassen, dass sie nicht mit mir durchgehen. Ich bin aber immer am Ball geblieben und habe nie die AA-Gruppe verpasst. Wenn ich nun abends im Bett liege, bin ich dankbar und kann mich freuen und bemerke, dass ich meine Tage viel besser geregelt bekomme als früher unter Alkohol. Natürlich gab und gibt es auch viele dunkle Tage, doch sie haben zu meinem Wachstum beigetragen und auch dazu, Menschen zu verstehen. Dieser aus einem russischen Konzentrationslager überlieferte Spruch beschreibt meine Lebenserfahrung treffend: »Ich suchte Gott und fand ihn nicht. Ich suchte meine

Seele und fand sie nicht. Ich suchte meinen Nächsten und fand alle drei.«

Wenn mich eine Angst begleitet, dann die, dass ich vom Glauben wegkomme und meine, König Alkohol könne es richten und mir Ruhe geben mit Gewalt. Dieses Gefühl vergisst kein Suchtkranker. Wenn Du die Tour de France mit Doping gewonnen hast und jetzt nur noch hinterherradelst, ist Dir bewusst, dass Du nicht mehr der Beste bist. Du kannst Dir nur sagen: »Ich radele, aber ehrlich. Die Berge sind für mich zu hoch, die nehme ich gar nicht.« An die Risiken und Gefahren denkt ja keiner, der auf der Welle reitet, sondern meint: »Nimm das Leben und genieße das gute Gefühl, mach Dir keine Gedanken, der raue Alltag kommt früh genug.« Heute ist mein Kick-Bedürfnis nicht mehr so stark und mein Wunsch lautet, die Achterbahnfahrt in meiner Gefühlswelt zu beruhigen. Meine Freude ist auch deshalb eine andere, weil ich früher schnell be- und verurteilt habe, und heute eher bei mir hinschaue und bereit bin anzuerkennen, dass ich Fehler mache und mein Verhalten verbessern kann.

Beinahe alle Alkoholiker haben Schwierigkeiten, das Größere anzuerkennen, das allein ihnen die geistige Gesundheit wiedergeben kann. Deshalb haben die Anonymen Alkoholiker diesen zweiten Schritt in ihr Programm aufgenommen: »Nur etwas, das größer ist als ich, kann mir meine geistige Gesundheit wiedergeben.« Dies will nicht einer, der seine Abschlüsse mit eins gemacht hat, der in herausragender Position steht, oder auch der- oder diejenige, die nichts zu verlieren hat außer dem eigenen überhöhten Selbstwertgefühl. Dieser Schritt erfordert Demut. Wenn man an Gott oder sich selbst zu hohe Ansprüche stellt und der oder die Ideale sein will, aber merkt, wie oft man verzweifelt oder scheitert, wenn man z. B. anderen hilft, aber diese dennoch vor die Hunde gehen, abstürzen, sich sogar umbringen – dies kann sogar Seelsorger zum Alkohol greifen und nicht mehr davon loskommen lassen.

Ich kenne einen Pastor, einen lieben Menschen, der aber anscheinend meinte, er wäre sein eigener Gott. Er stürzte sich erst auf den Alkohol, dann stürzte der Alkohol ihn. Schlimm für ihn, wenn ein altes Mütterchen die Lippen schürzte: »Ts, ts, ts«, weil er auf der Kanzel stand und man munkelte, er sei Alkoholiker. Er begriff, als wir uns über AA kennenlernten, dass er krank ist und mit dem Trinken einen Weg ging, den er eigentlich nicht gehen wollte.

Vielen Menschen steht ihr elitäres Denken oder die eigene Intelligenz im Weg. Sie halten sich für superschlau, frei, welterfahren, grenzenlos, aber haben tief in sich selbst immer Angst und fliehen vor der inneren wie auch äußeren Einsamkeit. Wenn sie sich auf die Schliche kommen und begreifen, dass das Leben anders ist, nämlich einfach, menschlich, dann beginnt sich etwas zu ändern. Jetzt leben, Situationen, Begegnungen auf sich zukommen lassen und sie dann erleben und annehmen, statt etwas Großartiges darstellen zu wollen – dies ist für viele der Schlüssel zur Kehrtwende.

»Ich lebe im Heute«, lautet mein Wahlspruch.

Bei mir ist es heute meistens gesellig und dabei völlig normal. Ich bin gastfreundlich und gerne unterwegs, es können hundert Leute zu Besuch in meine Wohnung kommen, aber ich bin genauso gerne allein in der Stille. Insofern weiß ich, was es heißt, diese Wahlmöglichkeit zu haben; denn früher hatte ich sie nicht und war entweder getrieben oder am Boden zerstört. Insgesamt ist mein Gewissen ruhig, ich habe Frieden gefunden mit den Regeln. Wenn ich nur siebzig gefahren bin, brauche ich keine Angst zu haben, geblitzt worden zu sein. Früher bin ich immer hundert gefahren. Wenn ich dann geblitzt wurde, dachte ich: »Diese Arschlöcher, haben die nichts anderes zu tun?!« Statt dieser Kämpfe gegen mich, die Welt und Gott habe ich so viel Wunderbares erlebt in meinen fünf trockenen Jahrzehnten, so viele Fügungen, die ich mir früher nie hätte vorstellen können.

Ich bin meinem Schöpfer sehr dankbar und mein wichtigstes Gebet lautet: »Lieber Herr Jesus, lass mich nüchtern auf Kurs bleiben und lass mich erkennen, was Dein Wille ist.« Früher betete ich: »Ich will den Job haben oder will anerkannt werden.« Heute sage ich:

»Lass mich Deinen Willen erkennen und gib mir die Kraft, ihn auszuführen.«

Ich wünsche mir noch immer täglich zufriedene Nüchternheit und dass ich die Botschaft der Hoffnung weitergeben kann. Bei AA heißt es: »Gott gib mir die Gelassenheit, Dinge hinzunehmen, die ich nicht ändern kann, aber den Mut zu ändern, was ich ändern kann, und die Weisheit, das eine vom anderen zu unterscheiden.«

Dies ist oft gar nicht so einfach, weil mein Ego meint, es wüsste es, und zwar besser, aber Gottes Rätsel sind oft besser als meine Lösungen. Darin liegt heute die heile Welt für mich. So habe ich meine zahlreichen Operationen überstanden und mir immer wieder meine Eigenständigkeit zurückgeholt. Wenn ich ohne Stock nicht gehen konnte, nahm ich ihn so lange, bis es wieder klappte. Wenn ich in der winterlichen Kälte den Reißverschluss meiner Hose nicht öffnen konnte, um Wasser zu lassen, blieb ich deswegen nicht zuhause, sondern trug über dem offenen Reißverschluss einen langen Pullover. Und wenn ich alleine nicht bis zu meinem Ziel kam, dann bat ich jemanden um Hilfe. Ich rätsele bei manchen Dingen immer noch oder vergesse, wie alt ich bin, bis ich mich die Treppe hinaufschleppe und weiß: »Ah, so ist es. Langsam gehen brauchst Du nicht zu lernen, das kommst von alleine.«

Auf den Tag genau sechsundvierzig Jahre nach meinem Autounfall, der mein Leben veränderte, stürzte ich in meiner Wohnung. Glücklicherweise war eine befreundete Chinesin zu Besuch, die den Notarzt rief. Dann allerdings haben sie mich in der Notaufnahme fünf Stunden warten lassen und, als ich endlich an der Reihe war, so schlecht operiert, dass ich mich in ein anderes Krankenhaus verlegen ließ. Ich sah mein Leben doch noch im Rollstuhl zu Ende gehen. »Wer will auch zwischen Weihnachten und Neujahr arbeiten?«, dachte ich – teilweise mit Verständnis – gegenüber meinen Ärzten. In der zweiten Klinik entdeckten sie bei mir eine Embolie. Ohne die qualvolle Wartezeit und die schlechte OP wäre es zu dieser Entdeckung und der folgenden Behandlung nicht gekommen und den Rollstuhl hätte ich nicht einmal erreicht. Manchmal braucht man erst eine schlimme Erfahrung; denn ich hatte natürlich gedacht: »Ich habe noch so viel Zeit ...«, während mein Ende schon drohte.

Mein Kopfkino begleitet mich also auch heute noch. Als ich vor einigen Jahren Besuch einer jungen Freundin aus China hatte, lud ich sie ein, mich zu meinem geliebten Badesee zu begleiten. Sie ist eine gute Schwimmerin, und ich war sicher, ihr eine Freude zu machen. Doch Hao lehnte ab. Ich fühlte mich beinahe beleidigt, dass sie mich nicht begleiten wollte. Insgeheim hatte ich gehofft, die anderen Badegäste würden bemerken, dass ich in Begleitung dieser schönen Frau erschien, und denken: »Er kriegt doch etwas geregelt«. Dass ich zumeist alleine unterwegs war, warf ja manche Frage auf. Eine Woche später sprach ich am See mit einer Frau, die sicherlich 100 Kilo wog. Als ich ankündigte: »Ich gehe jetzt ins Wasser«, flötete sie: »Johan, ich komme mit!«. Ich hatte gar nicht gedacht, dass sie mit ihrer Leibesfülle schwimmen könne, und wollte plötzlich selbst nicht mehr ins Wasser, wo mich alle mit ihr sehen würden. Aber dann wurde mir klar, dass sie sich fühlen würde, wie ich mich nach der Abfuhr der Chinesin fühlte. Also ließ ich alle Vorbehalte fallen und bot an: »Dann komm man mit.«

Wenn Du Dich selber nicht achtest, kannst Du auch keinen anderen lieben. Die meisten wollen entweder zu viel und sind immer am Suchen oder sie wollen zu wenig, in der Sexualität wie im Leben. Aber wer liebt sich wirklich selber? Nicht narzisstisch, sondern indem er zu Gott sagt: »Du hast mich so gemacht, also nehme ich mich an. Und wenn Du willst, dass ich Dich nicht blamiere, hilf mir, dass ich keine große Scheiße mehr mache.« Dies ist mein Gebet geworden. Nicht, dass ich denke, ich sei ein Engel und müsse meinen Heiligenschein festhalten. Natürlich habe ich manchmal Gedanken, bei denen ich froh bin, dass sie keiner mitbekommt, und zu mir sage: »Wenn die anderen wüssten, was ich jetzt denke – oh, oh oh.« Jesus hat gesagt: »Komm zu mir und ich gebe Dir den Frieden, der größer ist als alle Vernunft und den die Welt weder geben noch nehmen kann. Aber Du musst zu mir kommen und nicht der Schöpfer Deines Schöpfers werden und von jeder Religion nehmen, was Dir passt, sondern akzeptieren:

Mein Wille geschehe. Und der ist manchmal anders als Deiner.«

IV Dein Leben ohne Alkohol

Wenn Du ein Alkoholproblem hast oder jemanden kennst, der eines hat, dann begreife zwei Dinge:

Alkoholiker zu sein, ist nicht das Letzte, denn ein Alkoholiker ist ein genauso wertvoller Mensch wie jeder andere auch.

Und es gibt ein Leben ohne Alkohol.

Ich musste es für mich zugeben und Du musst auch zugeben, dass Du das Maß beim Alkohol nicht findest. Wenn Du anfängst zu trinken und erst aufhörst, sobald die Gedanken im Kopf und Emotionen im Körper schweigen, dann hast Du dieses Maß nicht. Den Kampf gegen den Alkohol verlierst Du, wenn Du Alkoholiker bist.

Der Alkohol wird Dich über kurz oder lang umbringen.

Du bist zu gierig auf seine Wirkung, um zum Trinken Nein zu sagen.

Alkoholiker sind so individuell wie andere Menschen auch, aber es gibt dennoch Gemeinsamkeiten unter uns: Wenn Du ohne Alkohol nichts mit Deiner Zeit anzufangen weißt. Wenn Du kein Selbstwertgefühl hast und meinst, Dich zurücknehmen zu müssen, weil Du Deine Interessen geringer achtest als die der anderen. Oder wenn Du lieber gleich unsichtbar bleibst. Wenn Du fliehst, sobald Du eine unangenehme Wahrheit hören sollst. Wenn Du Angst hast, dass Deine Mängel entdeckt werden, Dir Lob aber ebenfalls peinlich ist. Wenn Du Dich nicht traust, Dich zu wehren oder Dich durchzusetzen, aber im Geiste mit den anderen abrechnest. Wenn Du für jede Deiner Leistungen Belohnung willst und die anderen verurteilst, falls sie sie Dir verweigern. Wenn Du Dich minderwertig und gleichzeitig bzw. kurz darauf für etwas Besseres und den oder die Größte hältst, dann lebst Du eine Eigenschaft, die viele Alkoholiker teilen. Wenn Du Berührungsängste verlierst, indem Du trinkst, weil Du innerlich enthemmst und äußerlich ein anderer Mensch wirst. Oder wenn Du Streit vom Zaun brichst, um trinken und Dich vielleicht zurückziehen zu können, aber den anderen die Schuld dafür gibst, dass Du jetzt trinkst, dann bist Du schon weit in die Mechanismen der Alkoholabhängigkeit vorgedrungen. Du erkennst dies auch daran, wie ausgefeilt Deine Logistik ist; denn niemand soll ja mitbekommen, wie viel Du tatsächlich trinkst. Also versteckst Du Einkäufe und Leergut an Orten, die mit dem Trinken und mit Dir nicht in Zusammenhang gebracht werden. Die Leberzirrhose tut nicht weh und selbst wenn Deine Leber bis zu den Knien hängt, willst Du noch kein Alkoholiker sein.

Das Suchtgedächtnis geht nie weg, es weiß: »Wenn es ganz hart ist, dann hilft mir der Alkohol.«

Aber dies ist der Satan, der Dich umbringt. Er hilft Dir im Moment. Doch wenn Du erst abhängig, vor allem körperlich abhängig bist, stehst Du mit einem Bein im Grab. Deshalb musst Du eine Entscheidung treffen.

Wenn die Zeit da ist, wo Du könntest, ist die Zeit vorbei, wo Du kannst; denn des Teufels liebstes Spielzeug ist die lange Bank.

Meine Geschichte ist schon hart genug, aber ich weiß, es gibt noch viel schlimmere Schicksale. Ich kenne Junkies und auch Alkoholiker, bei denen schlägt der Kopf hin und her, wenn sie im Entzug sind, also der Körper keinen Stoff kriegt. Vielen solchen Menschen bin ich bei und durch die Anonymen Alkoholiker begegnet. Der Süchtige hat nur ein Ziel: Wo kriege ich etwas her, das mir ein gutes Gefühl verschafft? Alles andere ist egal. Da denkst Du nicht: Edel sei der Mensch, hilfreich und gut, sondern: Was springt für mich dabei heraus? Der Süchtige denkt auch nicht: Wenn ich heute einem wehtue, werde ich dafür später bezahle müssen. Für ihn oder sie zählt nur der kurzfristige Gewinn.

Auch ich habe vielen Menschen sehr wehgetan; denn ich war genauso – mit Alkohol und auch mit Frauen. Umso überraschender ist für andere und auch für mich, dass ich seit Jahrzehnten Dinge völlig uneigennützig tue. Möglich wurde es, weil ich inneren Frieden erlangt habe. Jemandem eine gute Tat zu tun, ohne dass er es merkt, ist am schwersten. Einem, der friert, Wärme zu geben – da juckt es zu sagen: »Das war ich!« Aber zu wärmen und darüber die Schnauze zu halten, ist für viele nicht verlockend, dabei aber besser als der Egotrip. Mich sprechen manchmal wildfremde Menschen an und wollen mir Geschenke machen, Hilfe leisten. Dies war früher nie der Fall. Heute schaue ich mit Freude ins Leben, nicht so ernst wie andere oder wie ich selbst früher. Meine Einsamkeit ist ebenfalls weg. Ich kann gut mit mir selbst sein und bin sogar manchmal froh, wenn ich keine fürsorgliche Belagerung erfahre. Mein Verhältnis zum Geld hat sich komplett verändert. Mir haben Verwandte Geld geschenkt und vererbt, die mir früher keinen Pfennig gegeben hätten.

Du meinst vielleicht, Du würdest es nicht schaffen, ohne Alkohol glücklich zu werden, weil die anderen es aus Deiner Sicht leichter hätten als Du. Doch dies stimmt nicht. Ich gebe Dir einen Einblick in die Erfahrungen, die andere Alkoholkranke gemacht haben, die ich begleiten durfte. Weil wir bei den Anonymen Alkoholikern streng anonym arbeiten, wie die Bezeichnung sagt, verzichte ich auf jegliche Namensnennung.

»Besondere Menschen erkennt man daran, dass sie dich berühren, ohne ihre Hände zu benutzen (Zitat unbekannt). Lieber Johan, ich möchte Dir sagen, dass Du eine Art Schutzengel für mich bist. Du bist ein ganz besonderer Mensch und hast durch Deine Ausstrahlung und Persönlichkeit dazu beigetragen, dass ich seit ein paar Monaten nicht mehr trinken muss. Vielen Dank dafür!«

»Ich bin Dir unendlich dankbar für Deine positive, Mut machende, spirituelle und tatkräftige Unterstützung schon mehr als die Hälfte meines Lebens. Ohne Dich wäre ich nicht dort, wo ich heute bin, wäre vielleicht längst nicht mehr da.«

»Ich freue mich, dass mich jemand versteht, wie schwer man es hat, wenn man einmal auf dem Abweg ist, sich wieder in unsere Gesellschaft einzuordnen. Es gibt mir die Kraft, mein nächstes Ziel zu erreichen, und das

braucht auch jeder, der mit König Alkohol zu tun hatte und sich wieder von ihm lösen will.«

»Ich möchte Dir Danke sagen für Deine Geduld und Freundschaft. Es ist für mich wichtig, ab und zu mal wirklich zu spüren, dass ich nicht alleine bin. Was Du gesagt hast über die Macht, die größer ist als wir, beschäftigt mich sehr – obwohl ich noch nicht gewagt habe, mich darauf einzulassen. Aber ich fühle mich wieder mutig genug, es zu versuchen.«

»Wie sehr Du mir geholfen hast in der bösen Zeit, kannst nur Du erahnen. Die vielen Jahre, die wir uns kennen, haben eine echte Freundschaft geformt. Wir alle von AA haben besondere Empfindungen, anders als »normale« Menschen. Du hilfst, wo Du kannst.«

»Johan, Du bist ein großer Mensch, ein weites, großes Herz. Durch Dich bin ich trocken geworden. Ohne Dich und die Gruppe wäre ich tot. Dafür sei Dir gedankt.«

»Gerade zum Weihnachtsfest habe ich an Dich gedacht und an die lieben AA-Geschwister, die mir auf meinem Weg zur Nüchternheit so treu geholfen haben. Möge Gott selber uns dieses wunderbare Geschenk eines klaren Kopfes und eines unbenebelten Sinnes auch im nächsten Jahr erhalten. Gott segne Dich und sie auf all unseren Wegen.«

»Auch nach über vierzig Jahren ist das Problem Alkohol noch immer in meinem Kopf, das Wieso und die Folgen. Als Nicht-Betroffener kann man nicht mitreden – die Ursachen sind vielfältig und die Wirkung unbegreiflich. Nun bin ich neunzig und mache immer noch Vergangenheitsbewältigung. Mein Wahlspruch: Wir werden von Gott geführt, auch wenn wir nichts davon merken.«

»Mir geht es körperlich und psychisch gut. Ich bin immer noch trocken und kann gut arbeiten. Das ist der Schatz und die größte Freude in meinem Leben und für diesen Weg als zufriedener, trockener Alkoholiker habt Ihr in der Gruppe mir die Richtung gezeigt. Dafür werde ich Euch ein Leben lang dankbar bleiben. Ich frage mich, ob nicht alles, was wir erleben, uns helfen will, diesen kostbaren Schatz zu heben: all unser Erleben, all unsere Empfindungen und Wünsche mit Gott zu teilen.«

»Weil Du von der Überwindung Deiner Angst erzählt hast, habe ich Inventur gemacht. Es kam viel Angst zutage: zu zeigen, dass ich gar nicht so forsch und stark bin, wie ich scheine, mit einzugestehen, dass ich mich belüge und andere. Sofort kamen Selbstvorwürfe. Ich habe verlernt, mich so zu akzeptieren, wie ich bin. Ich habe mein wahres Ich verleugnet. In mir wurde es immer stiller, leerer und einsamer. Ich wurde wortkarger, abweisend und sogar unfreundlich. Es war die

157

furchtbare Angst, durchschaut zu werden, ausgelacht zu werden, weil ich innen so klein, hilflos und schwach bin. Darum meine drei Gebote: Das erste Glas stehenlassen. Ja zu mir sagen, auch wenn ich mir nicht gefalle. Und von Herzen danken können. Ich danke Dir, dass Du mir geduldig zuhörst.«

»Was ist es für ein schönes Gefühl, am Karnevalsdienstagmorgen schon nüchtern Worte der Nüchternheit zu Papier bringen zu können. Ich habe den Karneval noch nie so bewusst erlebt wie in diesem Jahr. Nur der fade Biergeruch hat mich abgestoßen.«

»Es ging mir noch nie so gut wie jetzt, seitdem ich trocken bin, und ich werde alles, aber auch alles tun, dass es so bleibt. Weil mir immer klarer wird, was ich aufgebe, wenn ich mich auf den alten Pfad begebe. Meine Tage sind gut ausgefüllt mit frischer Luft und körperlicher Arbeit, viel Kontakt mit verschiedenen Menschen, auch der eigenen Familie. Ich betrachte den normalen Wahnsinn um mich herum mit Abstand, wodurch ein klares Bild entsteht und ich viele Dinge einfach ohne Stellungnahme und Wertung geschehen lasse. Wusste gar nicht, dass ein Platz auf den hinteren Rängen so entspannend wirken kann. Habe ja schließlich auch genug mit mir selbst zu tun. Allerdings wenn Handeln angesagt ist, muss ich zur Stelle sein, ausgewogen, wohl überlegt und klar handelnd, und das klappt gut.«

»AA hält mich nüchtern. Ich bin sehr glücklich, eine so tolle Gemeinschaft zu kennen. Der große Schritt in meinem Leben ist nur zustande gekommen, weil ich das AA-Programm kennengelernt habe. Denn alles ging nur in kleinen Schritten. Im Großen und Ganzen geht es mir sehr gut.«

»AA gibt mir die Kraft, nicht in Depression oder Selbstmordgedanken zu versinken, was bei einer Chemotherapie, die ich gerade bekomme, durchaus gegeben ist. AA gibt mir mein trockenes Leben und die Gnade, mit zweiundfünfzig Jahren nach vierzigjährigem exzessivem Konsum der ganzen Suchtpalette die Chance zu erhalten, zu stoppen und in die entgegengesetzte Richtung zu marschieren. Ich habe einen kalten Heroinentzug im Knast und auch sonst noch ein Vielfaches von Erbärmlichkeiten hinter mir, woran ich mich täglich nach dem Aufwachen erinnere – nicht im Groll –, nur es hilft mir, von meinem jetzigen Leben zu sagen: Ich erwarte nichts, ich erhoffe nichts, ich bin frei. Und das macht mich dankbar und glücklich! Ich glaube, ich musste diesen Morast ganz durchwaten, um letztlich zu erkennen, dass mein Weg, meine Alkohol- und Drogensucht, falsch war. Ich hatte im Leben reichlich Anzeichen und gutgemeinte Ratschläge, aber renitent, wie ich bin, schlug ich alles aus und ging meinen Weg, der mich körperlich, geistig und vor allen Dingen seelisch stark gezeichnet hat. Mein Gottvertrauen, die AA-Freunde und das Programm geben mir Hoffnung, Kraft und Durchhaltevermögen. Heute sage ich zum Alkohol: nie wieder! Ein AA-Freund aus Amerika sagt: »Es spielt keine Rolle, wie lange Du trocken bist, die Frage ist vielmehr: Lebst Du im Programm?« Das liegt, wie wir wissen, ausschließlich an mir, meiner Wertschätzung für mein jetziges trockenes Leben, dem aufrichtigen, respektvollen, achtsamen Umgang mit meinen Mitmenschen und mir selbst. Es wird immer besser, was mich sehr freut und mich nicht zum Abheben, sondern der Demut näherbringt. Das Wichtigste ist Trockenheit, Familie, Zufriedenheit, Freunde und dann lange nichts.«

»Mein lieber Johan, ich bin jetzt seit zwei Jahren trocken. Musste noch viel leiden, um von dem Alkohol wegzukommen. Ich ging von Ort zu Ort und von Psychiatrie zu Krankenhaus, aber ich kam vom Schnaps nicht weg. Nach einem Krankenhausaufenthalt fuhr ich in ein Einkaufszentrum und kaufte mir drei Flaschen Schnaps. Ich wollte Schluss machen. Man hat mich gefunden, es war damals Winter, und mich wiederbelebt. Nach einem erneuten Rückfall brachte man mich zur Entgiftung. Dort entschloss ich mich zu einer erneuten Langzeittherapie. Die war hart, so wie ich es mir wünschte. Ich ließ die Hose total herunter, denn ich war am Ende. Meine Nieren sind kaputt und ich muss drei Mal pro Woche zur Dialyse. Die schlaucht ganz schön, ich bin alt geworden. Aber ich habe einen Nebenjob gefunden. Und ich habe kürzlich den Führerschein wieder gemacht. Vorher haben sie mich auf den Kopf gestellt: TÜV-Idiotentest, Psychologen, Internisten. Alle haben mich mit einer seltsamen Ruhe angesehen. Dann habe ich nur fünf Fahrstunden gebraucht und mir einen alten Ford gekauft.«

»Lieber Johan, Du hast einen sehr, sehr großen Anteil daran, dass ich mein rotes Strümpfchen im letzten Jahr wiederentdeckt habe. Dafür möchte ich ganz herzlich Danke sagen. Ich bin froh und dankbar, einen so tollen Menschen getroffen zu haben. Du bist in meinem Herzen.« (In der Geschichte von Anna Egger begegnet eine traurige Frau im Park einem kleinen Mädchen. Es fragt, warum sie traurig sei, und die Frau antwortet, sie habe keine Freude und kein Glück und wissen nicht, wie es weitergehen solle. Dann fragt das Mädchen nach ihrem roten Strümpfchen, aber die traurige Frau hat nur ein schwarzes Strümpfchen. Es ist voller Alpträume und schrecklicher Erlebnisse. Das Mädchen lässt die Frau in sein rotes Strümpfchen schauen und es ist gefüllt mit Erinnerungen an schöne Momente. Sein eigenes schwarzes Strümpfchen wirft es jede Woche in den Müll. Am Ende ihrer Begegnung schenkt das Mädchen der Frau mit einem Kuss ein rotes Strümpfchen. Noch ist es leer bis auf genau diese Begegnung im Park, aber die Frau fühlt sich warm und glücklich und entsorgt ihr schwarzes Strümpfchen schmunzelnd am nächsten Papierkorb.)

»Guten Morgen, lieber Freund! Jedes Mal, wenn ich nüchtern am Fenster stehen darf und anschauen kann, wie sich die Nacht verabschiedet und dem neuen Tag Platz macht, wird mir ganz seltsam zumute. Ein tiefes, ehrliches Danke bahnt sich den Weg. Das Leben ist doch trotz aller Schwierigkeiten und Tränen sehr schön. Jeder neue Tag ist ein herrliches Geschenk. Stell Dir mal vor, es gäbe keine Schwierigkeiten zu bewältigen. Dann wüssten wir vor lauter Übermut nichts mit uns anzufangen. An meinem Ich würde ich dann ganz bestimmt nicht arbeiten. Ich glaube, der liebe Gott hat von jedem Menschen ein ganz bestimmtes Bild und er formt uns so, wie er uns haben will. Eigentlich bin ich doch dumm, dass ich nicht stillhalte. Ich hole mir nur zusätzliche Beulen und Schrammen, denn das Bild wird doch fertig, ob ich will oder nicht. Ich biete dem lieben Gott oft etwas an und wenn ich mir im Laufe des Tages wunde Füße hole, möchte ich es rückgängig machen. Wenn Gott jeden Menschen besonders liebhat, brauche ich doch vor nichts Angst zu haben. Ich hoffe und wünsche, bitte und bete, dass ich immer und zu jeder Zeit Wachs sein darf in Gottes Händen. Das wünsche ich auch Dir.«

»Wir kennen uns noch nicht lange, aber es kommt mir vor, als verbänden uns viele Jahre in Freundschaft. Ich denke oft an unsere Gespräche und die wunderbaren Erlebnisse, von denen Du mir erzählt hast. In Eurer Gruppe fühle ich mich wohl und habe Hoffnung be-

kommen, Verstand und Gefühl auf einen Nenner zu
bekommen. Wenn ich überlege, wir hätten nicht die
Gnade der Nüchternheit gefunden, wohin hätte mich
mein Weg geführt? In den Abgrund! Nichts im Leben
geschieht zufällig. Nichts! Gott hat uns zusammen-
gebracht. Nicht nur, weil ich Dich so inspirierend und
als Bereicherung für mein Leben finde, Du hast mir ge-
zeigt, dass ein einzelner Mensch Großartiges erreichen
kann, wenn er nur dem Weg folgt und nicht aufgibt.
Selten hat mir ein Mensch so viel Mut gegeben und
mich motiviert, Neues zu wagen, wie Du. Ich habe
sogar meinem Chef erzählt, dass ich immer zu viel ge-
trunken hätte, und nun nicht mehr tränke. Schließlich
kann er mich ja nicht entlassen, weil ich nicht trinke.
Er meinte, dies sei eine vernünftige Entscheidung, und
damit war die Sache erledigt. Ich danke meinem Gott,
dass wir uns begegnet sind, und Dir, dass Du da bist.
Lass uns etwas zusammen machen!«

Diesen Mann, der seit seiner Kindheit getrunken
hat und seit Kurzem trocken ist, habe ich in der
Gruppe kennengelernt und zu mir eingeladen,
habe ihn auch gleich mitgenommen in die Kliniken, in denen ich mit anderen von AA über unser
Leben Vorträge halte und in den Austausch mit
Patienten gehe. Er sagte: »Ich lerne dabei noch
deutlicher als aus meinem eigenen Leben, was
Sucht ist.«

»Wie kommt der zu solchen Rückmeldungen«, magst Du Dich fragen. Ich bin schließlich kein Heiliger, wie Du aus meiner Lebensgeschichte herauslesen kannst. Aber ich gehe mit Menschen, die in der Scheiße sitzen, in Kontakt, nehme sie, wie sie sind, und akzeptiere, wo sie in ihrem Leben stehen. An meinem Wesen soll nicht die Welt genesen, aber wer inneren Frieden hat – dies spüren die Menschen und gehen gerne dorthin. Auch dafür gebe ich Dir einige Beispiele:

Ich wurde von AA gefragt, ob ich mich zu einem Mann in die geschlossene Abteilung traute, vor dem alle Angst hatten. Am Morgen hatte er den Schrank in seinem Zimmer kaputtgeschlagen. Natürlich ging ich hin, war mir sicher, mir tue der nichts, und verlangte, dass man uns alleine ließ. Ich sagte: »Ich bin Johan und Alkoholiker«, als ich den Raum betrat, Der kräftige junge Mann rief: »Nimm dieses Scheißwort nicht in den Mund. Das wollen mir meine Verwandten auch einreden. Also raus!« Ich erwiderte: »Nun setzen wir uns mal vernünftig hin und erzählen uns was.« Es stellte sich heraus, er war ein adoptiertes Kind. Seine Adoptiveltern hatten Geld, er war Hilfsarbeiter auf dem Bau. Wenn ihm etwas querging, hat er schon mal zugeschlagen, vor allem, wenn er vorher getrunken hatte. Ich merkte, dass er der einsamste Mensch war, den ich bisher kennengelernt hatte. Es standen weder Fotos noch Post auf seinem Nachtschrank. »Was hat Dich so wütend gemacht?«, wollte ich wissen. »Meine Eltern wollen mich enterben, weil ich angeblich trinke. Als ich den Brief vom Notar bekam, habe ich den ganzen Briefkasten abgerissen, so wütend war ich!«, erregte er sich über seine Erinnerung. Er sagte, wenn er zugäbe, er sei Alkoholiker, dann hätten sie einen Grund ihn zu enterben. »Das gebe ich doch nicht zu. Die anderen Verwandten wollen doch nur das Haus meiner Adoptiveltern und wollen nicht, dass ich es kriege.« Ich schlug vorsichtig vor: Vielleicht hast Du ja doch ein Problem mit Alkohol, wenn Du die Kontrolle verlierst, nachdem Du was getrunken hast?« Er schaute mich an. Ich sah, dass er nachdachte. Ich fuhr fort: »Ich erzähle Dir nur von mir. Du machst immer nur Scheiße, wenn Du was getrunken hast. Umgehen kannst Du mit dem Alkohol nicht, das musst Du Dir doch eingestehen.« »Ganz Unrecht hast Du nicht«. Es klopfte an der Tür: Der Pfleger schaute rein und sagte zu mir: »Es war so ruhig. Ich wollte mal nachschauen: Leben Sie überhaupt noch? Was haben Sie dem gegeben, dass er so ruhig ist?« »Nix«, antwortete ich, »er hat endlich begriffen, dass die anderen ihm nichts wollen.« »Ich war selbst in der Nervenklinik. Pass auf, dass Du Deinen Frieden behältst«, riet ich dem jungen Mann, bevor ich ging. Tatsächlich weiß ich nicht, was aus ihm wurde; denn es herrscht ja Verschwiegenheit bei AA. Auf jeden Fall habe ich dem LKH geraten, ihm die Gummizelle zu ersparen. Ob er sich für das Erbe qualifiziert hat, lag in seiner Hand.

Eine junge Studentin hat sich bei mir gemeldet, nachdem sie im Landeskrankenhaus Schlimmes erlebt hat wie Selbstmordversuche, und immer ging es nur darum, wo man am besten entgiften könne und welche Therapiemethode die beste für Alkoholiker sei – Jung, Freud, Adler. Vorher hatte sie ihren Arzt um eine Kur gebeten, aber der meinte, sie sähe dafür zu gut, zu gesund aus. So hatte sie sich selbst einweisen lassen, weil sie allein nicht vom Alkohol wegkam. Außerdem kann man krampfen und leicht hops gehen, wenn man versucht, alleine den kalten Entzug zu machen. »Wann ist denn Gruppe?«, wollte sie wissen, als sie mich anrief. Ich erklärte ihr, wo es ist, sie wohnte nicht weit weg. »Ich habe so viel Schreckliches erlebt – ich komme!«, rief sie. Ich habe solche Worte schon so oft gehört, aber wenn es etwas besser geht, denken viele: »Das brauche ich doch nicht, ich bin kein Alkoholiker.« Sie aber ist gekommen, inzwischen schon zwölf Mal. Beim letzten Mal erzählte sie mir: »Johan, ich habe schwere Prüfungen.« Sie studierte Psychologie. »Ich habe ja Deine Handynummer«, beruhigte ich sie. Nach den Prüfungen rief ich sie an und fragte: »Na, wie ist es gelaufen?« »Ich habe es alles geschafft. Freue mich tüchtig, dass Du mich anrufst. Ich fühle mich wohl, ich kann mal äußern, dass meine Eltern mich gar nicht verstehen. Wenn ich meinen Eltern sage, dass sie krank sind und sich um Ihre Gesundheit kümmern müssen, antworten sie: »Was Du Dir alles einbildest, lass uns in Ruhe!« Und wenn ich bei uns auf dem Land sage, ich würde keinen Alkohol mehr trinken, sagen die anderen: »Nun stell Dich nicht so an!« Aber Alkoholiker darfst Du dort nicht sein, dann kriegst Du so ein Stigma, da verlässt Dich Deine Familie. Aber bei Euch kann ich sagen, wie schwer es mir fällt, meiner Mutter zu helfen, mit meinem störrischen Vater fertig zu werden. Ich kann auch sagen: »Verfluchte Scheiße, ich lasse mir nicht mehr alles gefallen!« Du und Ihr in der Gruppe versteht mich.«

Ich merkte, sie will. Dann nahm ich mir für sie umso mehr Zeit. »Die Sünden der Väter setzen sich fort bis ins dritte, vierte Glied«, heißt es in der Bibel. In vielen kaputten Familien habe ich diese Spannungen und Zerwürfnisse schon beobachtet, nicht zuletzt in meiner eigenen. Eine Generation muss etwas verändern und neu anfangen, um diese Kette zu unterbrechen, und wenn Du dieses Buch liest, dann ist es wahrscheinlich Deine Generation, dann bist Du es, der die unheilvolle Verkettung durchbricht.

Nicht immer geht es um Alkohol, wenn sich Menschen an mich wenden. Über meine Auslandsreisen und -kontakte stand eines Tages eine junge Chinesin vor meiner Tür. Ihrer Cousine Li-Ming hatte ich vor Jahren mit einer Einladung und Empfehlung geholfen, nach Deutschland auszuwandern, und habe sie auch hier nach Kräften unterstützt. Ihre Cousine hatte dadurch offenbar großes Vertrauen zu mir; denn sie schaute mich mit großen Augen an und nahm mich sogar in den Arm, was die Chinesen mit Fremden normalerweise niemals tun. »Ich bin schwanger, aber der Mann will das Kind nicht. Was soll ich tun?«, offenbarte sie mir. »Weißt Du, ich habe auch kein Patentrezept, aber ich kann Dir eine Geschichte erzählen: Ich habe einen guten Bekannten gehabt, der war neunzehn Jahre damals, und seine Freundin war schwanger. Beide hatten überhaupt kein Geld und meinten deswegen, ihren Nachwuchs abtreiben lassen zu müssen. Siebzehn Jahre später bin ich dem Bekannten am Badesee begegnet. Er deutete auf einen jungen Mann, der mit einem Salto vom Dreimeterbrett sprang. Der Junge war dem Alten wie aus dem Gesicht geschnitten. »Und ihn hätte ich beinahe abgetrieben«, flüsterte mein Bekannter. Seine Freundin und er haben damals geheiratet und noch drei weitere Kinder bekommen. »Wenn man etwas abreibt, vernichtet man auch etwas«, antwortete ich ihr. Die junge Chinesin hat nicht abtreiben lassen. Ein dreiviertel Jahr später schrieb sie mir: »Ich schicke Dir ein

Foto von meinem Sohn. Ich habe mich so gefreut, dass ich so einen Engel bekommen habe. Seitdem er bei mir ist, ist es bei mir jeden Tag glückselig.« Eine solche Nachricht gibt mir mehr, als wenn mir jemand einen Scheck über 10.000 Euro schickt.

Wenn Du Hoffnung weitergeben kannst, dann setzt Dich Gott ein. Und nicht, weil Du heute vier Vaterunser gebetet hast.

Dies ist die Geschichte von Li-Ming. Sie lebt heute beruflich erfolgreich, verheiratet und als Mutter eines begabten Jungen in Österreich und hat alles aus eigener Kraft geschafft:

»Johan, mir bleibt nicht mehr viel Zeit. Ich habe alles verloren bis auf meine Selbstachtung. Weißt Du, ich war lange Zeit von mir entzückt. Auf einmal lebe ich aber in einer Welt voller Enttäuschung. Für diese Veränderung muss ich einen unerträglich hohen Preis zahlen. Vor drei Jahren kam ich von China nach Deutschland. Hier war alles fremd und neu und furchtbar still. Ich konnte nichts, nicht einmal eine Limonadenflasche öffnen, und war ratlos und hilflos. Aber ich nahm mir keine Zeit, diese neue Welt in Deutschland zu bewundern, sondern dachte: »Ich muss mich um mich selbst kümmern.« Bereits am zweiten Tag arbeitete ich als Aushilfe im Restaurant meiner Tante. Eigentlich war ich noch ein Kind und sollte in der Schule lernen

und spielen. Ich fand die Welt ungerecht, aber zeigte dieses Gefühl nie. Ich sehnte mich innerlich nach einem, der mich liebt, verwöhnt und schützt. Meine Tante kann die Position meiner Mutter nicht ersetzen, auch wenn sie dies anbot. Ich lernte in der Schule und arbeitete und war manchmal todmüde und mochte nur die Augen schließen und schlafen für zehn Minuten. Aber Schlafen war für mich ein Luxus, den ich mir nicht leisten konnte. Manchmal frage ich mich: Wo ist das eigentliche Ich? Warum kam ich hierher? Etwa um Leid zu suchen? Mir gegenüber stand eine Realität, die mich zur Arbeit und zur Schule aufzuraffen zwang. Das tat ich still und beharrlich. Ich habe geglaubt, dass ich meine Ruhe erhalten würde, wenn ich mich in Schweigen hüllte. Doch ich habe mich geirrt. Ich war zu naiv. Du wirst verletzt, auch wenn Du niemanden verletzt. Die geheime Unzufriedenheit meines Onkels mit mir wurde offen. Er hegte Groll gegen mich und war von Neid gegen mich erfüllt. Ich wurde überall als exzellentes Mädchen gesehen. Meine Tante zeigte ihre Liebe zu mir nur noch hinter dem Rücken der anderen. Dafür hatte ich kein Verständnis und fragte: »Warum tust Du das, was Du scheust?« Das hat sie zutiefst verletzt. Schließlich konnte sie sich von ihrem Mann nicht völlig frei machen. Mein Onkel hat die Bürgschaft für mich bei der Ausländerbehörde widerrufen. Davon erfuhr ich erst nach vier Monaten. Wir sahen uns jeden Tag, aber er hat es mir nicht angedeutet. Die Nachricht von der Ausländerbehörde hat mich überraschend und schwer wie ein Blitz aus heiterem Himmel getroffen. Das war ein grausamer Schlag und ich war dann total verwirrt, verstört und verzagt. Ich hatte mit Entschlossenheit meine Familie verlassen, war damals nicht einmal sechzehn Jahre alt und hatte keine Erfahrung, allein zu leben. Ich fühlte mich wie ein Waisenkind, das keiner in Pflege nehmen will. Was für ein armes Geschöpf! Aber »die Schärfe eines Schwerts kommt durch Schleifen, der Duft einer Winterblüte durch Kälte«, heißt es in einem Gedicht. Ich habe Rückgrat gezeigt und die Familie meiner Tante verlassen, war auf niemanden angewiesen und niemandem Dank schuldig, Aber ich habe auch eine Dummheit begangen, nämlich Selbstmord. Ich lebte schon allein, da bekam ich einen Brief von der Ausländerbehörde und wurde zum Verlassen von Deutschland aufgefordert. Ich glaubte, mein Leben würde zerstört. Ich habe das letzte Selbstvertrauen verloren. Deshalb habe ich sterben wollen, und zwar mit der Absicht, meine Tante und mein Onkel bittere Reue darüber empfinden zu lassen. Ich habe eine Flasche Schlafmittel geschluckt und dazu eine halbe Flasche Schnaps getrunken. Unbewusst ahnte meine Tante, dass mit mir etwas Schlimmes passiert sei und fuhr in Eile zu meinem Wohnheim. Meine Tür war nicht abgeschlossen, erzählte sie mir und ich lag ruhig im Bett. Sie schüttelte mich kräftig, aber sah keine Reaktion. Ich war offenbar auf dem Weg zum Jenseits. Da begegnete ich meiner Großmutter, die ich seit meiner Geburt nicht gesehen habe. Mit voller Liebe lächelte sie mir zu, aber schien mich nicht nehmen zu wollen. Als ich meiner Großmutter die Hand reichen wollte, hörte ich, wie traurig meine Tante weinte. Und dann wandte ich den Kopf und sah meine Großmutter nicht mehr. Ich kam wieder zu mir. Meine Tante hielt mich so traurig in den Armen, als würde ihr das Herz zerreißen. In diesem Moment war ich von ihrer warmen und mütterlichen Liebe tief gerührt. Als ich aus dem Alptraum erwacht war und sich der Sturm gelegt hatte, empfand ich beispiellose Bitterkeit und die bittere Niederlage. Ich konnte mich damit nicht abfinden. »Mein Leben beginnt ja gerade – warum soll ich mich beugen?« dachte ich. Ich hatte nur einen Gedanken: Vergeltung! Aber ich wusste nicht wie und wollte mehr denn je einen Menschen haben, der mich anleitet. Dann kam mir die Idee, weiter in Deutschland zu bleiben und später eine glänzende Karriere zu machen. So wollte ich dem Onkel zeigen, dass er seine Absicht, mich aus Deutschland zu zwingen, nicht verwirklichen konnte. Für dieses Vorhaben war ich bereit, jeden Preis zu zahlen. Ich scheute sogar nicht, auf meine Würde zu verzichten. So habe ich um Asyl gesucht. Aber für eine Asylantin ist die Welt noch grausamer, als ich mir vorgestellt hatte. Weil ich eine Asylantin bin, darf ich keine gute Schule besuchen. Weil ich eine Asylantin bin, darf ich später nicht studieren. Weil ich eine Asylantin bin, wage ich bei Krankheit nicht zum Arzt zu gehen. Weil ich eine Asylantin bin, scheue ich mich in der Schule, meine Lehrer und Mitschüler zu kontaktieren, um peinlichen Fragen nach meiner Person auszuweichen. Alles in allem: Ich habe mein Selbst und meine Freiheit verloren, weil ich eine Asylantin bin. Ich kann die verachtend auf mich blickenden Augen nicht ertragen. Ich möchte anders als eine Asylantin angeblickt werden. Ich habe auf ein Wunder gehofft, das mein Schicksal verändern würde. Ich habe mich sogar um Adoption bemüht; denn ich würde ein völlig anderes Leben haben. Aber niemand wagt es. Ich bin verzweifelt, hoffnungslos, aussichtslos. Ich gebe mich selber auf. Ich kann mich selber nicht mehr erkennen. Zurzeit kann ich nur resigniert auf die Strafe aus dem Himmel warten. In zwei Wochen ist mein Geburtstag, da werde ich 18 Jahre alt. Ein Jubeltag ist der achtzehnte Geburtstag für viele Jugendliche, denn er kennzeichnet die Volljährigkeit. Mir wird er grausam das Ankommen meines jüngsten Tages verkünden. Ich ahne schon, was auf mich wartet: ein Schlag nach dem anderen. Ich bin es gewohnt, vom Leben gequält zu werden. Ich bin nicht so ausgezeichnet, wie Du immer gedacht hast. Im Gegenteil, ich habe Dir lange Zeit mein wahres Ich, eine Asylantin und damit eine Null zu sein, bemäntelt. Verzeih mir, ich habe diesen Betrug nicht gewollt. Ich habe lediglich gewollt, die anderen nur die Fassade von mir sehen zu lassen, damit sie mich nicht verachten können. Aus diesem Grund habe ich mich nach außen dicht verhüllt. In diesem Brief eröffne ich Dir *die Wahrheit um mich, weil Du mir barmherzig die Tür zu Deinem Haus geöffnet hast. Ich hoffe, Du wirst mich nach wie vor warmherzig behandeln. Das wäre ein großer Trost für mich und machte mir Mut, mich als einen Menschen wie andere auch zu betrachten. Wie sehr sehne ich mich nach einem normalen, ordentlichen Leben. Unabhängig davon, ob Du nach dem Lesen dieses Briefes die Beziehung zu mir abbrechen wirst, bin ich Dir sehr dankbar, dass Du Dich die letzten Jahre um mich gekümmert hast. Ich bin Dir dankbar für immer. Ich möchte diesen Brief mit den Worten schließen: Versuchst Du bitte zu verstehen, dass man in bestimmten Situationen nicht über sich selbst bestimmen kann.«*

Diese tapfere junge Frau ist heute in Wien verheiratet, hat einen erfolgreichen Mann, zwei Söhne und selbst eine beachtliche Karriere hingelegt.

Dennoch ist Alkohol das Hauptthema der Menschen, die zu mir finden. Keiner trinkt so viel, weil es gut schmeckt. Denn ein richtiger Alkoholiker wird vom Bier gar nicht mehr betrunken. Es müssen schon Prozente drinsitzen. Alle Alkoholiker haben ein schlechtes Selbstwertgefühl, doch betrügen sich selbst darüber. Sie wollen größer sein, als sie sind, und sind mit dem nicht zufrieden, was das Leben für sie bereitstellt.

Der Alkohol ist Deine Krücke, um erfolgreich zu sein oder klarzukommen. Er kaschiert Dein eigentliches Problem: die Angst. Du nimmst Dich nicht so an, wie Du bist. Du hältst Dich so nicht aus, weißt aber, wenn Du richtig einen nimmst, ist dies schlagartig weg.

Natürlich gibt es auch viel Missbrauch in der Vergangenheit von Alkoholikern, sexuellen Missbrauch, emotionalen, auch Misshandlung. Und die zwanghaften Gedanken, auch wenn die meisten diese nicht zugeben. Alkoholismus ist eine seelische Erkrankung, da helfen keine Tabletten.

Du musst lernen, wie du eine Schwierigkeit geregelt kriegst, bei der du sonst immer was genommen hast oder wo Du immer versagt hast, ausgewichen bist oder gelogen hast.

Wenn Du auf schnelle Weise durch Alkohol oder Drogen Erfolg und ein gutes Gefühl bekommst, dann weißt Du, dass der Weg funktioniert. Wenn Du hingegen ausgepfiffen wirst, wenn Du nichts drin hast, dann sagst Du: »Einmal nehme ich noch was.« Und dann kommt ein weiteres und es kommt noch ein weiteres Mal, ohne Ende. Es geht darum zu begreifen, dass die Latte zu hoch liegt, dass Du sagen müsstest: »Halt, ich erreiche etwas, dass ich mit den normalen Mitteln gar nicht hinkriegte.« Erkenne Deine Grenzen und weiche weder aus noch lüge. Du kannst keine Hilfsmittel nehmen, in welcher Form auch immer.

Du musst ein Leben leben, das Du ohne Doping auf die Reihe bekommst.

Sonst kommt einerseits die Beschaffungskriminalität, wenn Du teure Sachen nimmst, oder die Leberzirrhose setzt ein und Du kippst um, weil Du nicht mehr laufen kannst. Ich habe Menschen erlebt, die bereits im Rollstuhl saßen vom Alkohol – manche haben es geschafft, wie Ralf, der Streetworker in Berlin, andere nicht.

Wenn wir in die Kliniken gehen, um die Arbeit von AA vorzustellen, kommt uns manche Herausforderung entgegen. Auch junge Menschen können schon der Widerstand in Person sein: »Das will ich Ihnen gleich sagen, ich bin gezwungen worden, hierher zu gehen, eigentlich will ich den Quatsch gar nicht hören«, schallt es uns so oder anders entgegen. »Das wird heikel heute«, denke ich dann, aber fange in Ruhe an zu erzählen: von meinen Selbstmordgedanken, dass man im heute leben muss usw. Dann werden diese Menschen immer ruhiger und fragen am Ende vorsichtig nach Lektüre und meiner Telefonnummer für weitere Beratung. »Ich habe auch schon Selbstmord versucht«, höre ich dann oft und weiß, dass ich eine Tür geöffnet habe.

Nicht immer geht es so einfach, vor allem in der wohlhabenden Gesellschaft, die sich nur in Äußerlichkeiten ergeht. Da frage ich schon mal provozierend: »Wohin gehen Sie denn, wenn Sie Angst haben?« »Angst zeigt man nicht«, bekomme ich daraufhin zu hören. Ich hake nach: »Haben Sie denn Angst oder haben Sie keine Angst?« Auch mit Reichen, Arrivierten traue ich mich so zu sprechen. Deshalb laden sie mich ein, weil ich anders bin, als sie es gewohnt sind. Ich will weder Geld noch Ansehen von ihnen und lasse mich von ihrer Maske nicht beeindrucken, sondern blicke einfach dahinter.

Wenn sich jemand hilfesuchend an mich wendet, höre ich zu und erzähle ein bisschen von mir. Ich erkläre, dass ein Alkoholiker nicht willensschwach ist, sondern krank. Diesen Vorwurf hören viele von Familie und Freunden: »Du willst gar nicht aufhören zu trinken, Du musst disziplinierter sein.« Dann nehme ich ihn oder sie mit zur Gruppe. Ich hole sie ab und bringe sie nach Hause, wenn sie zum Beispiel kein Geld für die Fahrt haben oder sich alleine nicht trauen hinzugehen. Ich stelle keine Forderungen, sondern sage nur: »Hör Dir das an und entscheide selbst.« In der Gruppe können sie sich unverfänglich anhören, was die Betroffenen erzählen. Jeder darf aussprechen, niemand gibt Ratschläge. Wir duzen uns alle und es wird nur der Vorname genannt. Wer Du bist, was Du machst, wieviel Geld Du hast – darauf kommt es nicht an. Die Obdachlose sitzt neben dem Geschäftsführer, der Bürgergeldempfänger neben der Ärztin. Auch die Neuen dürfen von Anfang an in der Gruppe über sich erzählen, können aber auch schweigen, wenn sie sich damit wohler fühlen.

Wenn Du nichts in Deinem Leben veränderst und nur nüchtern wirst und bleibst, bist Du nicht zufrieden. Ich kann es an vielen sehen, die meinen, es reiche, nicht zu trinken. »Wenn ich wieder saufe, gehe ich drauf«, haben viele verinnerlicht. Aber wir brauchen Kontakt zu Menschen.

Wenn Du trocken bist und Dein Leben spannend findest, wenn Du Lust hast, etwas zu unternehmen, dann hast Du etwas zum Guten verändert.

Viele haben zwar aufgehört zu trinken, aber sind nicht fröhlich, sondern fühlen sich wie Fremdkörper in der Welt und kommen mit ihren Gefühlen nicht zurecht. Sie leben versteckt, weil das Image des Alkoholikers schlecht ist, und geben die Botschaft nicht weiter. Auch dies gehört aber zu AA. Und um Freude zu finden, musst Du aus der Isolation herauskommen. Viele sind nur Christen geworden, weil sie befürchten, sie kämen sonst nicht in den Himmel, aber sie erleben trotzdem die Hölle auf Erden. Schon in der Bibel steht, dass sich nur einer von den zehn Aussätzigen bedankte, die von Jesus geheilt worden waren. Der Dank liegt im Tun. Dafür musst Du Dir kein Schild »Alkoholiker« umhängen. Aber Glauben heißt eben nicht, Halleluja zu singen, sondern zu begreifen, dass der liebe Gott vor den Erfolg den Schweiß gesetzt hat.

Das Schwerste ist die Kapitulation. Deshalb sage ich Dir: »Lerne zu kapitulieren.« Es ist erst sehr dunkel. Aber dann ist es, gepaart mit Demut, der größte Sieg, den es geben kann. Ich halte es so wie viele Brüder und Schwestern bei AA auch: »Du kannst mich immer anrufen, solange Du clean bist. Wenn Du Alkohol im Kopf hast, sprichst nicht Du, sondern wieder diese Droge oder was da auch immer in Dir ist. Dann kann ich Dich nicht erreichen. Wenn Du aber clean anrufst oder vorbeikommst, habe ich Zeit für Dich. Wenn Du es ehrlich meinst, gehe ich mit Dir durch den Tunnel. Ich steige nicht in Dein Boot mit ein, aber ich unterstütze Dich dabei, Dein Boot vorwärts zu bewegen. Dabei erwarte ich nichts von Dir.« Natürlich fange ich dann nicht gleich mit Glauben an. Viele mussten früher durch die Eltern regelmäßig in die Kirche und es war ein Müssen. Heute sagen sie: »Komm mir bloß nicht mit Gott!« In den AA-

Meetings sitzen Christen neben Atheisten, Moslems neben Juden, Hindus neben Buddhisten – die Anonymen Alkoholiker sind bei Weitem nicht nur für Christen da.

Es gibt etliche, die wissen theoretisch über alles Bescheid, aber kriegen nicht ihre Kapitulation hin, weil sie denken, Hilfe käme von außen, also andere würden es für sie richten oder andere würden sich so verändern, dass das eigene Leben erträglich werde. Sie können nicht denken, dass etwas Größeres als sie existiere, und dass darin der Sieg liegt, diesem Größeren die Führung über das eigene Leben zu übertragen, statt es weiter mit dem eigenen Ego zu versuchen. Viele halten Kapitulation für Selbstaufgabe und meinen, ich wäre geisteskrank, darin die Lösung zu sehen. Diese Hochintelligenten, die alle Fehler der anderen sehen, haben es besonders schwer zu kapitulieren. Bei ihnen ist nichts von Demut zu spüren oder dass sie mal nach dem eigenen Balken im Auge gucken und bei sich anfangen. Wenn ich früher im Streit dachte: »Der andere ist ein noch größerer Töffel als ich. Also ist es mit mir nicht so schlimm«, schnitt ich im Vergleich noch gut ab. Die Fehler der anderen zu benutzen, um die eigenen zu verdecken, ist bei vielen Menschen eine beliebte Krücke. Damit es dazu nicht kommt, sagen wir in der Gruppe: »Gib keine Ratschläge, erzähl nur von Dir.«

Die meisten Kliniken für Suchtkranke gucken

nur auf den Körper, also die Entgiftung. Sie teilen die Abhängigen in Alpha-, Beta- und Gammatrinker ein. Aber dann? Die Therapeuten haben vielleicht ihr Studium gut bestanden, aber kommen häufig selbst mit dem Leben nicht zurecht. Wie sollen sie Suchtkranken helfen? Viele Therapeuten sind zu jung und zu unerfahren. Wer öffnet sich einem solch jungen Menschen mit seinen schwierigen Problemen? Wenn keine Wärme und Vertrauen vorhanden sind, kann eine Therapie nur misslingen.

Bei AA gibt es die sogenannte Vierundzwanzig-Stunden-Regel:

Du brauchst nur die nächsten vierundzwanzig Stunden zu schaffen, also nur am aktuellen Tag trocken zu bleiben, mehr nicht.

Schaust Du in die Zukunft, wird oft der Weg zu lang und Du fühlst Dich überfordert. Aber ein Tag ist überschaubar. Er ist aber auch das Schwerste, denn nur jetzt könntest Du trinken, nicht später. Um über die vierundzwanzig Stunden hinwegzukommen, gehen viele Betroffene am Anfang jeden Abend in eine Gruppe. Dort merken sie und Du vielleicht auch, dass es viele andere gibt, die genauso betroffen sind und es geschafft haben. Wenn Du aber alleine bist, sind das Wichtigste, was Du brauchst, ein, zwei oder drei Telefonnummern und ein verfügbares Telefon. Bevor Du trinkst, ruf jemanden an, dem Du vertraust. Ein Therapeut gibt Dir einen Termin für die nächste Woche, aber Du brauchst jetzt Hilfe. Wenn Du in der Gruppe bist, findest Du, wer auf Deiner Wellenlänge ist, und einer von diesen hat garantiert Zeit, wenn Du ihn oder sie brauchst; denn auf dieser gegenseitigen Unterstützung beruht unter anderem das Prinzip von AA. Wir lassen niemanden alleine, es sei denn, er oder sie will es wirklich. Du solltest einen seelischen Sponsor finden, der gleichgeschlechtlich ist, es sei denn, Du bist homosexuell, und dem Du vertraust. Wenn Du dort anrufst, kannst Du erstmal sprechen, erzählen, was passiert ist, oder auch sagen, dass Du einfach Weltuntergangsstimmung hast. Du kannst auch fragen, was Du in einer Situation tun sollst, in der Du nicht weiterweißt, und Du hörst, wie ein anderer, unabhängiger Mensch über Deine Lage denkt. Durch das Gespräch merkst Du, wenn Du Dich aufgeregt hast ohne Grund. Du spürst die Erleichterung, dass Dir jemand zuhört, Dich begreift in Deinem Erleben. Und Du siehst wieder einen Weg vor Dir. In den Gruppen, auch über die Treffen hinaus, herrscht strikte Anonymität. Dein Sponsor wird deshalb nichts von diesen Gesprächen weitertragen.

Ich selbst habe einmal erlebt, dass mein Ge

sprächspartner spürte, wie schlecht es mir ging, und mich fragte: »Soll ich vorbeikommen?« »Das brauchst Du nicht«, antwortete ich. Aber er meinte, es wäre besser, wenn er vorbeikäme. Wir haben dann einen Waldspaziergang gemacht und ich merkte, wie die depressive, negative Phase sich verzog. Wäre er nicht vorbeigekommen, hätte ich wahrscheinlich getrunken.

Umgekehrt lasse ich Menschen an meiner Erfahrung teilhaben. Ein Mann hatte eine solche Wut auf seinen Vorgesetzten, dass er kündigen wollte. Ich berichtete ihm von meiner Erfahrung bei der Arbeit und sagte: »Bevor Du nun kündigst – weißt Du, was ein Pyrrhussieg ist?« Den Begriff kannte er gar nicht. »Du hast vielleicht gesiegt, aber stehst auf der Straße. Und was ist dann? Ich erzähle Dir, wie ich mich verhalten habe, nachdem ich das Gleiche erlebt habe. Ich habe die Faust geballt und gedacht: »Ich haue dem noch auf die Fresse.« Damals habe ich oft mit meinem Bruder darüber gesprochen und er wies mich darauf hin, dass ich in meinem wilden Chef einen Gelassenheitstrainer geschenkt bekommen hätte. Auch wenn ich ihm beinahe hätte den Hals brechen mögen, weil er so viel Mist gemacht hat, so wollte ich doch nur Rache üben. Was hätte ich davon gehabt? Das Schwerste ist, seinen Feind zu lieben, lernte ich von Jesus Christus. Letztlich habe ich meinem Chef und manchem schwierigen Kollegen geholfen. Er hat mich daraufhin angeguckt wie ein Auto. Und was Du jetzt erlebst, ist genau das Gleiche: Du bist intelligenter als er und dies spürt er und er will Dir zeigen, wo Du in der Hierarchie stehst. Dies nervt Dich so, dass Du zuschlagen möchtest.« »Ich muss da weg«, bekräftigte mein Gesprächspartner. »Du bist Beamter, Du wirst Deine gesamten Sicherheiten verlieren, wenn Du eine Kurzschlusshandlung machst. Lauf nicht immer weg und lass Dich nicht am laufenden Band krankschreiben. Ich wäre damals schon lange rausgeflogen, wenn ich so oft gefehlt hätte wie Du. Guck nach, was ein Pyrrhussieg ist. Auch ich musste lernen, dass ich andere nicht ändern kann, sondern nur mich.« »Ich muss wohl umdenken«, gab er nach einiger Zeit kleinlaut zu. Er hatte Vertrauen zu mir.

Mein wilder ehemaliger Chef hat mich Jahrzehnte nach meinem letzten Arbeitstag angerufen, nachdem ich ihm zur diamantenen Hochzeit Glück gewünscht hatte. Er erzählte mir, dass er nun eine Professur für nachhaltige Wirtschaftsgeschäfte innehabe, und hatte offensichtlich das Bedürfnis loszuwerden, was ihn in seinem Leben beschäftigte. »Er wählt ausgerechnet mich als Gesprächspartner«, stellte ich schmunzelnd fest.

Es hat mich oft runtergezogen, wenn Menschen rückfällig wurden, denen ich zur Seite stand. »Was habe ich verkehrt gemacht?«, quälte ich mich dann selbst. Die Toleranz, dass manche noch nicht so weit sind oder noch nicht kapieren, dass Kapitulation absolut sein muss, dass ein menschliches Ego kein Gott ist und sich nicht selbst erlösen kann, musste ich mir erst erarbeiten. Dann bekomme ich Post wie diese:

»Johan, ich mag Dich, ich schätze Dich und weiß, Dein Leben ist AA. Ich schaffe es leider nicht. Die Träume von Alkohol nehmen immer mehr zu. Die Sucht hat mich im Griff. Ich will auch im Moment gar nicht aufhören. Die Probleme sind zu groß. Meine Ängste und Depressionen haben stark zugenommen. Ich weiß alles, was bei Saufdruck zu tun wäre (Anrufe etc.), aber wenn ich trinken will, hält mich keine Macht der Erde davon ab. Man könnte mir einen Therapeuten auf den Rücken binden, es würde nichts nützen. Ohne Stoff kann ich nicht zwanzig Jahre oder wie viele mir noch bleiben, leben. Akzeptiere das bitte. Du bist einer meiner wenigen Freunde, die ich noch habe.«

Solange Du noch denkst: »Ich schaffe das!«, statt zu begreifen, dass Du etwas ändern musst in Dir, wird es nichts, dies weiß ich zu gut aus eigener Erfahrung. Ich habe die Gnade, das trockene, glückliche Leben vorzuleben, aber tragen kann ich niemanden. Wer nicht aufhören will, verkleidet sich nicht selten zu einem selbstbewussten Gewinnertyp, aber ich weiß, dass er oder sie sich innerlich vor Angst in die Hose kackt. Leider sind einige davon schon tot, gestorben am Alkohol. Kein vernünftiger Mensch macht etwas, das ihm schadet. Wenn Du etwas isst, wovon Du jedes Mal Gallenkoliken bekommst, dann hörst Du auf, diese Sache zu essen. Aber ein Mensch, der nur Mist erlebt, schlimme, schmerzhafte Dinge, der braucht etwas, um existieren zu können, und im Zweifel ist dies ein Stoff wie Alkohol. Wenn irgendwann selbst der Alkohol keine Ruhe im Kopf mehr bringt, besteht die Gefahr, sich selbst zu töten.

Wenn die Menschen keine Antwort darauf bekommen, wo sie mit ihrer Angst hingehen können, wird es immer katastrophaler in der Welt, einer Welt, in der immer mehr Angst gemacht wird, was die ohnehin vorhandene Angst in den Menschen verstärkt. Überall liegt ja etwas im Argen, überall wird Angst geschürt, also muss etwas kommen, das den Menschen Antwort gibt. Auch ich habe immer Angst gehabt, es nicht zu schaffen, zu versagen, in den Rollstuhl zu kommen. Das Kapitulieren vor etwas Größerem als mir selbst war und ist erlösend. Jesus sagte ja: »Kommt alle her, die Ihr mühselig und beladen seid, ich will Euch Frieden geben, meinen Frieden.« Den habe ich vorher nie gehabt. Es ist ein Frieden, den die Welt der Sinne weder geben noch nehmen kann, der größer ist als alle Vernunft. Aus Sicht Jesu bedeutet dies: Nicht Dein Wille geschehe, sondern meiner! Ich dachte früher, ich gäbe mich dadurch auf, wenn ich meinen Willen weggebe, und schaffte es dann doch lieber alleine. Aber ich habe nichts geschafft. Bis ich sagte: »Ohne Bedingung, hier hast Du mich, ich möchte Dir mein Leben übergeben.« Dies ist ein wichtiger Punkt und Schritt in Deinem Leben, wenn Du trocken bleiben und glücklich werden willst. Deshalb ist der zweite Schritt von AA der entscheidende. Woody Allen sagt: »Gefühl und Verstand wohnen im selben Körper, aber gehen nicht mal freundschaftlich miteinander um.« Solch innere Kämpfe haben sich bei mir entscheidend befriedet, seit ich kapitulierte. Einerseits gehe ich verantwortungsbewusster mit meinen Wünschen um, denn sie haben Konsequenzen, andererseits kann ich bewältigen, was mir an Aufgaben gestellt wird, und kann meine verstandesgemäßen Erkenntnisse gefühlsmäßig umsetzen.

Die Seele braucht Nahrung. Wenn sie diese nicht bekommt, verkümmert sie. Das Suchen der Menschen wird zwar immer mehr, je reicher die Nationen sind. Aber je mehr man sich äußerlich Glück kaufen kann, desto größer wird innerlich die Angst. Zufriedenheit können wir nämlich nicht kaufen. Dagegen gibt die Menschheit sich Nahrung durch Kicks – berufliche Erfolge, Meister werden in etwas, Extremsport, ausgefallen und reichlich Essen oder Reisen und natürlich Drogen. Die Kicks müssen dann immer mehr oder stärker werden, damit sie ausreichen. Auch ich war früher geil auf Erfolge, weil ich kein Selbstwertgefühl hatte, und war stets auf der Flucht vor mir, suchte die Ruhe, aber die konnte mich nie einholen. Ein Bekannter von mir hat ein großes Geschäft und hatte schon drei Herzinfarkte. Als ich ihm sagte: »Du musst mal ruhiger werden«, antwortete er: »Ich werde schon nervös, wenn ich Dich da so ruhig sitzen sehe.« Er macht immer weiter. Es geht ihm nichts ums Geld, davon hat er genug. Er kann sich nicht aushalten. Aber wenn er Arbeit hat oder ihn einer ärgert, hat er wieder was zu tun und seine Leere verschwindet scheinbar. Irgendwann entwickeln die Kicks eine Zentrifugalkraft und dann wirft es Dich aus der Bahn. Jedoch auf der Welt zu sein, gelassen zu sein, eine Mission oder Aufgabe zu haben – darum geht es.

Die Seele braucht, dass du sagst: Ich bin gerne auf der Welt und ich bin zu etwas nutze.

Mir haben die täglichen Meditationen für Männer, die 1986 von der Hazelden Stiftung im Heyne-Verlag veröffentlicht wurden, in vielen schwierigen Situationen weitergeholfen. Die Aussagen haben natürlich auch für Frauen Gültigkeit. Ich gebe Dir einen Einblick in das, was mir klar geworden ist:

Wir trinken nicht nur aus Freude am Alkohol, sondern um uns selbst für einen Augenblick vergessen zu können. Nur dies erwarten und wollen wir erreichen. Wenn es nicht der Alkohol gewesen wäre, hätten wir eine andere Droge gefunden. Probleme haben wir aber nicht mit dem Alkohol, sondern damit, dass wir uns selbst vergessen wollen. Was wir dazu tun, um es zu erreichen, zum Beispiel trinken, ist nur die Folge unseres Problems. Um zu heilen, müssen wir lernen, uns selbst zu akzeptieren und gesunde Möglichkeiten der Selbstvergessenheit zu finden. Dazu müssen wir die Fixierung auf den Alkohol lösen. Meditation, Gebet, Dienst für andere Menschen sind Möglichkeiten, von sich selbst wegzuschauen, ohne sich zu schaden. Um sie zu erlernen, dürfen wir Hilfe in Anspruch nehmen.

Für mich ist der Aufenthalt an dem wunderschönen Badesee meines Heimatortes die beste Gelegenheit, in mir Frieden zu finden. Wenn ich aufs Wasser schaue, während morgens die Sonne hinter den mächtigen Eichen kraftvoll steigt oder während sie abends ihre silber-goldenen Strahlen zum Abschied aufs Wasser wirft, bin ich versunken in Staunen und Dankbarkeit. Stunden verbringe ich dort in Stille und natürlich auch im Gespräch mit anderen, die wie ich erkennen, dass dieser See weitaus bessere Medizin gibt als ein Arztbesuch.

Wenn wir begreifen und akzeptieren, dass Schmerz zum Leben gehört, aber dass er immer wieder geht, während Freude kommt, dann haben wir unsere Flucht vor dem Leben aufgegeben. Wir lernen, ohne die Flucht in Beziehungen, Geld, Sex, Drogen, Arbeit, Glücksspiel oder Alkohol zu leben, die zur Abhängigkeit führt. Erst jetzt kommen wir mit unseren Gefühlen in Berührung. Dies flößt uns zunächst Angst ein, weil wir Freude und Schmerz viel intensiver spüren als zuvor. Aber wir lernen in kleinen Schritten, dass Schmerz und Enttäuschung ein Teil des Lebens sind und dass wir mit dem Leben fertigwerden können. Wir haben früher nicht gelernt, mit Schmerz umzugehen, weil wir immer geflüchtet sind, zum Beispiel in den Alkohol, der Deine Gefühle betäubt. In uns sind wir daher nicht erwachsen geworden. Wenn ich negativ gedacht habe und die Scheiße traf ein, dachte ich zu mir: »Siehst Du, Du hast wieder Recht gehabt«, und habe so meinen Wunsch nach Kontrolle befriedigt. Sofort hatte ich wieder Angst vor dem, was ich gerade noch prophezeit hatte. »Ich bin auch ein bekloppter Kerl«, schoss es dann zwar durch meinen Kopf, es änderte aber erstmal nichts. Wenn wir aber die Flucht aufgeben, erwachen wir zu wirklichem Leben. Der Schmerz ist ein Teil davon. Deshalb sei dankbar für das, was Du spüren darfst, und vertraue auf die Stärke, Deine Gefühle und Emotionen auszuhalten.

Im Leben wissen wir nie, was uns im nächsten Augenblick erwartet. Auch wenn wir glauben, es einschätzen zu können, kann etwas ganz anderes geschehen. Wenn wir ein Problem haben, wissen wir nicht, ob wir Unterstützung finden. Wir leben in Ungewissheit. Gerade wenn wir schlecht drauf sind, halten wir dies schwer aus. Unser zwanghafter Wunsch nach Kontrolle führt oft dazu, dass wir vorschnell aufgeben. Damit haben wir zumindest in der Hand, wie eine Situation ausgeht, auch wenn der Ausgang nicht zu unserem Vorteil ist. Jedoch die Ungewissheit sind wir losgeworden. Dessen müssen wir uns bewusst sein, wenn wir in unsere Abhängigkeit zurückzufallen oder in eine Beziehung zurückzukehren, die uns schadet. Veränderung gehört zum Leben, ob uns dies passt oder nicht.

Also akzeptiere, was Du nicht ändern kannst, und lass dem seinen Lauf, und verwende Deine Energie dafür, zu ändern, was Du ändern kannst, und schaffe damit ein Ergebnis, mit dem Du leben möchtest.

Wie Du weißt, habe ich mit diesem Thema bis in mein hohes Alter gekämpft, doch das Beste in meinem Leben geschah, wenn ich anwendete, was ich Dir eben geraten habe.

Die männliche Identität und Spiritualität hängen sehr stark mit unserer Sexualität zusammen. Dies ist auch in Ordnung. Die Frage ist, ob unsere Sexualität von Leistung, Selbstdarstellung oder Befriedigung geprägt ist; denn dann macht sie uns selten glücklich. Glücklich in unserer Sexualität werden wir, wenn wir unsere sexuellen Erfahrungen vertiefen, wenn wir mitbekommen und mitbekommen wollen, wie sich unsere Partnerin oder unser Partner mit uns fühlt, und wenn wir zulassen, uns ihr oder ihm gegenüber verletzlich zu zeigen. Dann wird unsere körperliche Beziehung gleichzeitig zu einer seelischen. Und dann können wir uns an zärtlicher Berührung und Vertrautheit erfreuen. Die Erfüllung liegt nicht immer im Orgasmus. Nicht nur für mich, für viele ist es auf dem Weg zu ihrer Genesung zentral, wie sie mit ihrer Sexualität umgehen. Deshalb erlaube Dir, Deine Sexualität auf verschiedene Arten zu erfahren. Dies fördert Dein spirituelles Wachstum.

Denke daran: Nüchtern zu werden und zu bleiben, ist ein Marathonlauf. Den macht man auch nicht einfach so. Du bist auf dem Weg, aber nicht am Ziel. Dafür brauchst Du Training. Und eine klare geistige Absicht. Wenn Du an einem Punkt glaubst: »Ich hab's geschafft, mir kann nichts mehr passieren«, ist dies der sichere Weg in den Rückfall.

Dir kann immer passieren, dass Du wieder dem Alkohol verfällst. Aber Du hast in der Hand, dass dies nicht geschieht.

Halte Dich vom Alkohol fern und bleib Dir nahe und treu. Dabei helfen Dir die zwölf Schritte. Falls es Dir aber doch passiert, dass Du rückfällig wirst, dann weißt Du, es gibt einen Bruder oder eine Schwester von AA, die auf Dich warten, sobald Du wieder ruhig geworden bist und den Weg erneut aufnimmst. Sie leben Dir vor, was Du ebenfalls verwirklichen willst: ein trockenes, erfülltes Leben.

Ich habe miterlebt, wie über fünfhundert Menschen clean geworden sind. Es ist etwas so Schönes zu sehen, dass sie inzwischen gerne leben und wie sie am Leben Freude haben. Dies ersetzt für mich den Wunsch nach der heilen Welt; denn dies ist gelebtes Vertrauen und Glückseligkeit. Ich brauche nicht mehr, dass erst die ganze Welt heil ist, bevor es mir gutgehen kann. Und Du brauchst es auch nicht. Es kann Dir jetzt oder sehr bald gutgehen. Denke immer daran: Du kannst jeden Tag Dein Leben ändern!

Weil es nicht von selbst geschehen wird, dass Du dem Alkohol entsagst, gibt es die zwölf Schritte der Anonymen Alkoholiker. Sie führen Dich aus dem Teufelskreis hinaus. Weil Alkohol die Kontrolle über Dich hat, ist es vor allem anderen erforderlich, dass Du zugibst, keine Macht über den Alkohol und keine Macht mehr über Dein Leben zu haben. Aber diese kannst Du zurückerlangen, darum geht es.

Ohne Alkohol erlebst Du nach einer Zeit Gefühle, die Dir während Deiner Sucht, vielleicht auch schon vorher, unbekannt waren. Du lebst jetzt. Vorher warst Du abgestorben. Mit einem Glas Bier, Wein oder Schnaps kannst Du alles kaputtmachen, was Du Dir gerade aufgebaut hast. Deshalb halte die vierundzwanzig Stunden im Blick, die Du gerade erlebst. Nur diese musst Du trocken überstehen, mehr nicht. Und morgen wieder. Und übermorgen wieder. Aber jetzt sind es jeweils nur vierundzwanzig Stunden.

Achte darauf, dass nicht zu viel Stress und Druck entstehen. Diese sind geneigt, einen Fluchtreflex in Dir auszulösen, der Dich zum Alkohol zurückbringen könnte. Du brauchst nicht mehr Liebkind zu sein, sondern darfst rechtzeitig Nein und Deine Meinung sagen. Dies wird Dir helfen, Druck rechtzeitig zu mindern. Wenn Du Dich nicht mehr belügst, kannst Du auch zu anderen ehrlich sein oder zumindest ehrlich genug, um Dich nicht zu verbiegen.

Nicht zu trinken, ist aber nur die Hälfte des Weges, vielleicht weniger. Der Gedanke an etwas, das größer ist als Du, etwas, das auf Dich aufpasst, bewirkt Erleichterung. Du musst nicht mehr alles alleine bewältigen. Du bekommst Hilfe. Zu bitten fällt vielen Alkoholikern schwer, aber Du kannst es schaffen und wirst es nicht mehr missen wollen. Wenn Du allein an all die schlimmen Situationen denkst, in denen Du schon warst, die Du überlebt hast, was manches Mal einem Wunder glich, dann muss da doch etwas sein, das die Geschicke Deines Lebens zumindest mit lenkt. In diese Hände kannst Du Dich vertrauensvoll geben, und es ist egal, welchen Namen Du dieser Kraft gibst.

Gottvertrauen ist eine Oase im Herzen, die man mit der Karawane des Denkens nicht erreichen kann.

Wenn Du zehn Tulpenzwiebeln pflanzt und erwartest, dass acht davon die Besten werden, wirst Du nur enttäuscht und lässt es bald sein. Du kannst nur setzen oder säen und gießen; was kommt, liegt in Gottes Hand. Hör also auf, Gott zu spielen. Wir fühlen uns alle von Gott getrennt und suchen Vereinigung im Körperlichen oder wollen uns ganz fühlen durch Rauschzustände, aber wenn wir unseren Platz im Leben finden, kehrt Ruhe in uns ein und das Gefühl des Getrenntseins schwindet.

Nun kommt Deine persönliche Inventur. Sieh Dich mit allen Verletzungen, Lügen und der Scheinwelt, die Du aufgebaut hast. Gib Deine Schwächen zu, vor allem, dass Du feige gewesen und immer wieder weggelaufen bist, statt Dich zu stellen. Du kannst es besser. Dieser Weg öffnet sich, wenn Du Dich von dem befreist, was Du beigetragen hast. Dazu gehört, dass Du Dich charakterlich zu dem wertvollen Menschen entwickelst, der Du im Kern bist, und dass Du gegenüber anderen gutmachst, was Du verursacht hast, oder sie zumindest um Verzeihung bittest.

Hast Du aufgeräumt in Deinem Leben, hast Du den konfessionslosen Glauben an eine höhere Macht in Dein Leben integriert und hältst Du Dich selbst innerlich und äußerlich auf trockenem Kurs, dann beachte den in Amerika gängigen inoffiziellen Schritt Nummer dreizehn: Sei nicht kreativ im Machen von Problemen. Erwarte weniger von anderen und hadere nicht mit Dir, wenn Du etwas falsch gemacht hast. Das heißt: »Keep it simple« (Halte es einfach) und zersäge kein Sägemehl.

Ein weiterer gutgemeinter Rat von Dr. Hassfeld an mich gilt auch für Dich und andere. Er lautet, dass Du vor Ablauf Deines ersten trockenen Jahres keine Beziehung anfängst. Lernst Du jemanden in der Kur kennen, geht es erfahrungsgemäß schief. Jeder ist noch zu sehr mit sich beschäftigt, um auf den anderen einzugehen, und ist zu empfindlich, echte Begegnung auszuhalten. Wenn zwei Blinde voreinander stehen und sich einer beugt, fallen beide um. Werde erst sehend und schaffe

Dir einen sicheren Stand. Du darfst auch keine Co-Alkoholiker haben, die Deine Schulden bezahlen, Deine Lügen decken oder Dir auf andere Weise helfen. Solange Du denkst: »Irgendeiner wird schon die Verantwortung übernehmen, die ich eigentlich übernehmen müsste«, gelingt Dir keine Eigenverantwortung.

Merk Dir immer: Jeder hat sein Kreuz und muss es annehmen. Fliehe nicht vor Deinen Lebensaufgaben, sondern bleib dran, vertraue Dir, vertraue Gott. Heilung kommt nicht zum Nulltarif, sie tut immer auch weh. Aber nicht zu heilen, ist schmerzhafter. Ein Nichtschwimmer ertrinkt im Meer des Lebens, wenn Du aber Schwimmen lernst, kannst Du Plätze der Freude und Erkenntnis erreichen. Wenn also der Wind günstig steht, setz die Segel. Sonst bleibst Du im Hafen und irgendwann rostet die Ankerkette durch. Bist Du einmal drin im Boot, musst Du auch Neugierde haben, dann entdeckst Du immer etwas Neues. Unterscheide dabei weise zwischen Deinem Wunschdenken und Gottes Willen. Begegne dem Neuen offen und baue Brücken. Wer die Brücke scheinbar am wenigsten verdient, braucht sie am meisten. Gibt es Schwierigkeiten, sei konfliktfähig und begreife, dass Du nur Dich, nicht die anderen verändern kannst. Negative Gedanken erzeugen zwar Adrenalin, aber Dankbarkeit für das, was ist, macht Dich wachsam gegenüber den Kräften der Zerstörung.

Wenn Du heute richtig lebst, wird das Gestern zu einer angenehmen Erinnerung und das Morgen zu einer schönen Vision.

Freude ist dabei der beste Doktor der Welt. Deshalb hab Sonne im Herzen, dann hast Du es in Dir immer hell und warm. Neugeboren zu werden im göttlichen Sinne, ist ein großes Geschenk. Danach fühlst Du wie ich: »Ich bin gerne auf dieser Erde« und Du lebst entsprechend.